Ahora

Aplastando la Procrastinación y
Disparando la Productividad

Dan Desmarques

22 Lions

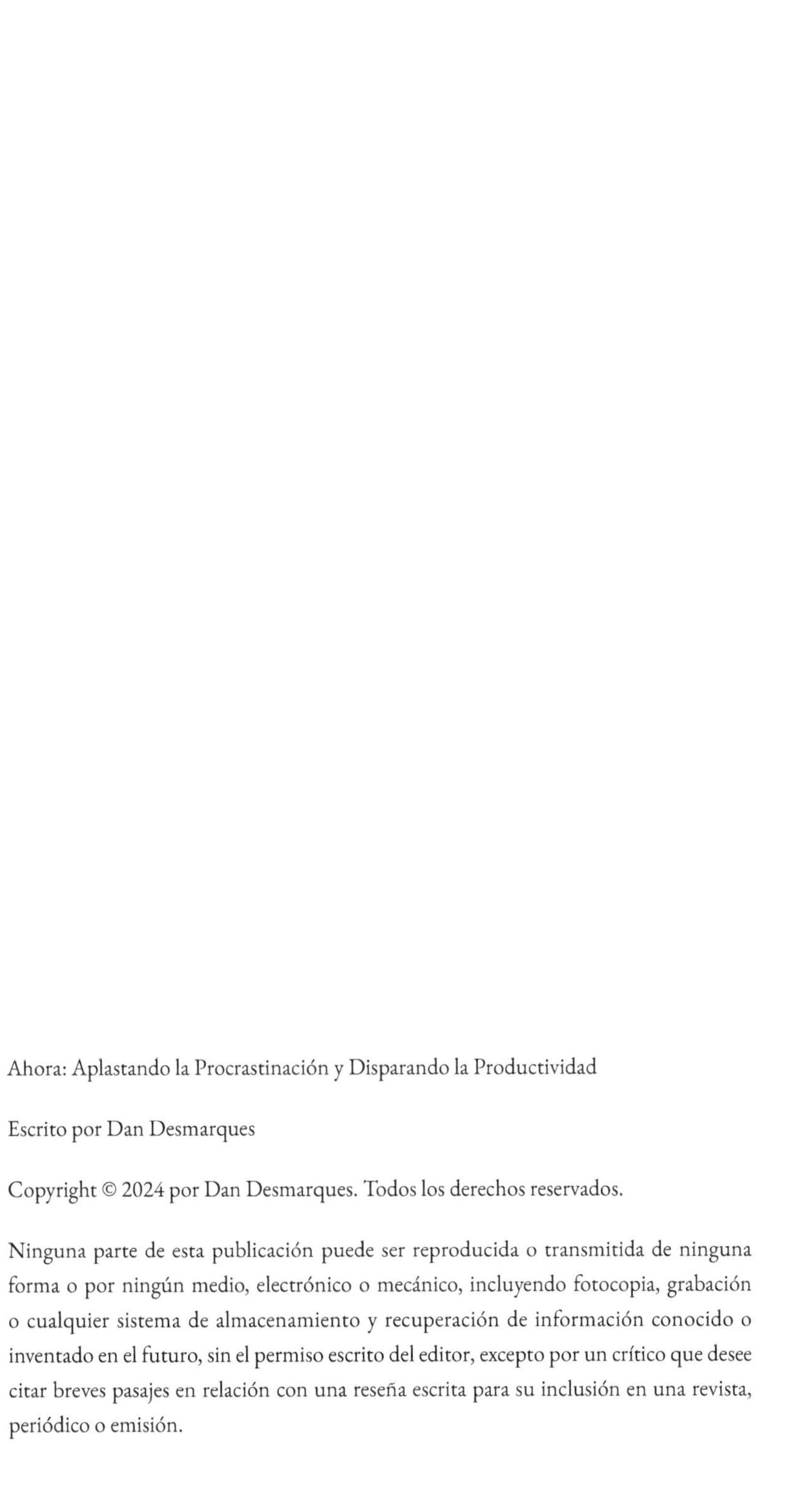

Ahora: Aplastando la Procrastinación y Disparando la Productividad

Escrito por Dan Desmarques

Índice

Introducción

¿Está cansado de sentirse estancado, abrumado e improductivo? ¿Ha estado posponiendo tareas importantes solo para verse acosado por plazos inminentes e incumplimiento de objetivos? Si es así, este libro es para usted.

«Ahora: Aplastando la Procrastinación y Disparando la Productividad» aborda la compleja psicología de la procrastinación y ofrece estrategias prácticas basadas en la ciencia para ayudarle a superarla. Tanto si eres un estudiante que lucha por ponerse al día con sus tareas, un profesional que busca sobresalir en su carrera o alguien que simplemente quiere hacer un mejor uso de su tiempo, este libro te dará las herramientas que necesitas para transformar tu vida.

El libro desmonta mitos comunes sobre la pereza y la procrastinación, y revela que estas etiquetas simplifican en exceso problemas psicológicos más profundos que requieren un enfoque compasivo y holístico. Al comprender la verdadera naturaleza de la motivación y alinear tus acciones con tus valores y aspiraciones más profundos, desbloquearás una fuente de energía y empuje que te impulsará hacia tus objetivos.

A lo largo del libro se exploran los fundamentos de la motivación, el poder de la formación de hábitos y la importancia de crear un entorno propicio. Se ofrecen estrategias prácticas para actuar de inmediato que te ayudarán a romper el ciclo de la procrastinación y lograr un éxito duradero. Tanto si desea mejorar sus habilidades de gestión del tiempo, cultivar la autodisciplina o profundizar en sí mismo, este libro le servirá de hoja de ruta hacia una vida más gratificante y productiva.

Aprenda a aceptar los retos, a superar las dudas y a crear una vida que refleje su auténtico yo. No dejes que la procrastinación te impida avanzar. Da hoy el primer paso hacia un futuro mejor.

Capítulo 1: Entender la Verdadera Motivación

En nuestra acelerada sociedad, los términos «perezoso» y «procrastinador» se utilizan a menudo para etiquetar comportamientos improductivos. Sin embargo, estas etiquetas son simplistas y no abordan los problemas psicológicos subyacentes. Simplifican en exceso cuestiones complejas que tienen su origen en nuestra incomprensión de la motivación humana.

Contrariamente a la creencia popular, la motivación no es un recurso finito que deba reponerse constantemente. La motivación verdadera y duradera proviene de alinear nuestras acciones con nuestros valores y aspiraciones más profundos. Cuando nos involucramos en actividades que resuenan con nuestro yo auténtico, encontramos de forma natural la energía y el impulso necesarios para perseverar, incluso ante los retos.

Por desgracia, muchos hemos sido condicionados para perseguir objetivos y actividades que no se alinean con nuestro yo interior. Nos han enseñado a buscar la validación externa, a perseguir ideales sociales de éxito y a ajustarnos a las expectativas de los demás. Esta desconexión entre nuestras acciones y nuestros verdaderos deseos puede llevarnos a sentir una profunda desilusión, frustración y, en última instancia, a procrastinar.

En este contexto, el término «perezoso» es engañoso. En lugar de representar un defecto de carácter o una falta de fuerza de voluntad, la procrastinación suele ser un mecanismo de supervivencia. Nuestra mente nos protege de enfrentarnos a nuestras limitaciones, miedos y necesidades insatisfechas impidiéndonos realizar tareas. Para salir de este ciclo, debemos identificar y resolver los problemas subyacentes. Esto puede implicar explorar las experiencias de la infancia, las creencias interiorizadas y las expectativas. También tenemos que enfrentarnos a nuestros miedos, inseguridades y resistencia al cambio. El autoconocimiento nos permite conocernos mejor.

Al alinear nuestros objetivos y acciones con nuestros valores y pasiones, convertimos una tarea en un viaje gratificante. Al transformar las tareas en experiencias atractivas, gratificantes y progresivas, aumentamos nuestra motivación y fomentamos una sensación de dominio y control sobre nuestras vidas. Abordar nuestras luchas con entusiasmo, amabilidad y ganas de aprender puede mejorar nuestra capacidad para superar la procrastinación y llevar una vida más satisfactoria y productiva.

La productividad sin esfuerzo no consiste en adquirir más habilidades ni en horarios rígidos, sino en comprender nuestras motivaciones y alinear nuestras acciones con nuestros verdaderos deseos. Adoptando este enfoque holístico, es posible superar la procrastinación y lograr un crecimiento personal y una realización que van más allá de las expectativas sociales.

Una de las principales causas de la procrastinación es la creencia de que debemos alcanzar el éxito siguiendo los estándares socialmente aceptados. Sin embargo, el éxito no se mide por completar tareas o recibir premios y elogios sociales, sino por la profundidad del autoconocimiento y la calidad de vida. A menudo, desviarse de las expectativas o percepciones de los demás significa sentirse exitoso cuando los demás nos ven como fracasados. Por otra parte, muchas personas se desmotivan cuando alcanzan cierto nivel de popularidad.

La motivación da forma a nuestras acciones, alimenta nuestras ambiciones y, en última instancia, determina el curso de nuestras vidas. Sin embargo, para aprovechar el poder de la motivación, hay que profundizar en la intrincada interacción entre autonomía y dominio. La autonomía, el sentido de autodeterminación y el control sobre la propia vida son la base de la motivación. Cuando nos sentimos capacitados para tomar nuestras propias decisiones y trazar nuestro propio rumbo, se enciende un poderoso impulso interno.

Esta autonomía va más allá de la mera eliminación de limitaciones externas e incluye una gran responsabilidad por nuestras acciones y sus resultados. Sin embargo, cuando nos sentimos controlados o manipulados, nuestra motivación se agota y es sustituida por resentimiento y apatía. Solo a través de la autodeterminación pasamos al siguiente nivel de nuestras vidas, comprometidos con la búsqueda interminable de la mejora personal y el desarrollo continuo de nuestras habilidades.

Este deseo humano innato de sobresalir, adquirir competencia y lograr la maestría en las actividades que elegimos alimenta nuestra pasión y sostiene nuestra motivación. El dominio no implica perfección, sino un proceso continuo de crecimiento y desarrollo. Significa aceptar retos, aprender de los errores y mejorar constantemente. Dominar una habilidad, superar obstáculos y alcanzar un mayor nivel de competencia proporciona una satisfacción inmensamente gratificante y una motivación intrínseca.

En resumen, la procrastinación se produce cuando nuestras acciones no coinciden con nuestros deseos reales. Para superarla, debemos asegurarnos de que nuestros objetivos están alineados con nuestros valores fundamentales y con lo que nos hace felices.

Capítulo 2: El Poder del Propósito en la Motivación

El propósito es la brújula que nos guía hacia esfuerzos impactantes y significativos. Nos permite ver claramente cómo nuestras acciones contribuyen a algo más grande que nosotros mismos: servir a los demás, crear algo bello y significativo o vivir de acuerdo con nuestros valores. Sin un sentido de propósito, incluso las personas más hábiles y autónomas pueden experimentar una profunda sensación de vacío e insatisfacción.

La interacción entre autonomía, dominio y propósito crea una poderosa sinergia que transforma las actividades mundanas en logros reales y duraderos. Esta sinergia nos permite forjar nuestro propio destino. Sin embargo, el paisaje motivacional de cada individuo es único, moldeado por experiencias, valores y aspiraciones personales. Para liberar todo su potencial, es esencial comprender la complejidad de sus propios motores motivacionales e identificar los factores que realmente le inspiran y le dan energía.

En el centro de esta búsqueda se encuentra la distinción entre motivación intrínseca y extrínseca. La motivación intrínseca, alimentada por una auténtica pasión por la tarea en sí, suele conducir a mayores niveles de creatividad, persistencia y satisfacción general. Por el contrario, la motivación extrínseca, impulsada por recompensas o incentivos externos, puede ser eficaz a corto plazo, pero carece de la perdurabilidad de los impulsos intrínsecos. Más allá de esta dicotomía, surgen otros poderosos motivadores, como la búsqueda de estatus y la influencia de la prueba social.

El deseo de reconocimiento y validación puede ser una fuerza poderosa que impulse a las personas a alcanzar logros notables. Sin embargo, debe equilibrarse con un fuerte sentido del impulso interior para evitar que la ambición excesiva se apodere de uno. Del mismo modo, la tendencia a ajustarse a los comportamientos y creencias de nuestros iguales puede proporcionar un sentimiento de pertenencia y validación, pero también puede ahogar la individualidad y el crecimiento personal.

La búsqueda de la maestría está estrechamente relacionada con el impulso intrínseco. Alinear tus objetivos y acciones con tus motivaciones más profundas e incorporar estratégicamente motivadores extrínsecos y otros factores influyentes te permite crear un ecosistema de motivación sinérgico que te impulse hacia delante con una determinación inquebrantable. Se trata de un proceso continuo de autorreflexión que requiere adaptación constante a los cambios del entorno laboral, las relaciones y los intereses personales.

En el trabajo, por ejemplo, para mantenerse motivado es necesario comprender claramente sus valores y objetivos, centrarse en el impacto positivo de sus contribuciones y conectar con compañeros que compartan sus valores. Buscar oportunidades de desarrollo profesional que coincidan con tus aspiraciones facilita esta alineación.

En las relaciones personales, la comunicación abierta, el respeto mutuo y los objetivos compartidos son esenciales para mantener la motivación y fomentar relaciones sanas. Cuando surgen dificultades, es fundamental buscar activamente soluciones cultivando la empatía y la comprensión para superar el resentimiento y mantener el compromiso con la relación. Comprender la motivación humana, tanto la propia como la de los demás, es fundamental para lograr un éxito duradero.

La motivación es una compleja interacción de factores psicológicos y emocionales que influye en nuestras acciones y decisiones. Cuando las personas se sienten capacitadas para tomar decisiones acordes con sus valores y aspiraciones, es más probable que se dediquen a tareas con entusiasmo y persistencia. La confianza en uno mismo permite a las personas tomar las riendas de su vida y superar cualquier reto. Por lo tanto, debemos permanecer vigilantes para asegurarnos de que nuestros valores están alineados con los de los demás y de que todos perseguimos el mismo objetivo.

Las personas que anteponen sus propios intereses a los de los demás tienen pocas probabilidades de formar asociaciones empresariales, amistades o matrimonios exitosos. Cuando alineamos nuestro propósito con nuestros valores y los de los demás, creamos una fuente de determinación que nos sostiene incluso en las circunstancias más difíciles. Este enfoque genera resiliencia, mantiene la cohesión del grupo y nos permite superar los contratiempos con un compromiso inquebrantable.

Para lograrlo, debemos empezar poco a poco, centrarnos en uno o dos cambios manejables cada vez y celebrar nuestros éxitos gradualmente. Recuerde que la motivación, al igual que la higiene personal, requiere un cuidado diario y un esfuerzo constante. Debemos alimentar nuestra mente con pensamientos y patrones constructivos para crear una base sólida de crecimiento y realización personal. Este enfoque proactivo nos mantiene comprometidos y centrados en nuestros objetivos. Al comprender y alimentar nuestras motivaciones intrínsecas, podemos construir una vida con un propósito y una realización que trascienda la atracción superficial de las recompensas externas.

En resumen, comprender lo que nos impulsa es esencial para el éxito a largo plazo. Cuando actuamos de acuerdo con nuestros valores y objetivos, aprovechamos nuestro propio impulso interior, que nos lleva a conseguir cosas increíbles. Esta alineación nos vuelve más fuertes, fomenta el trabajo en equipo y nos da el valor necesario para perseverar ante los retos.

Capítulo 3: Crear un Entorno de Apoyo para Mantener la Motivación

Es crucial rodearse de personas que nos apoyen y nos desafíen para ser la mejor versión de nosotros mismos. Hay que aprender a distinguir las conexiones genuinas de las que se basan en la superficialidad o la envidia, porque la calidad de las relaciones tiene un impacto significativo en la motivación. Confiar en los instintos, que a menudo revelan verdades que van más allá de la mente racional, es una habilidad importante que no debe descuidarse. Nos ayudan a adaptarnos al entorno en constante cambio de nuestras vidas. Adaptarnos a esta fluidez nos permite configurar activamente nuestro panorama motivacional, en lugar de limitarnos a reaccionar ante las circunstancias.

La vida es una compleja interacción de factores que configuran el comportamiento humano. Estos factores, como la búsqueda de sentido, la necesidad de seguridad, la evitación del dolor y la búsqueda del placer, desempeñan un papel central en las acciones y decisiones humanas. Reconocer esta interacción nos permite alinear nuestros objetivos y comportamientos con el entorno ideal para que prosperen. Cuando encontramos sentido en nuestro trabajo, seguridad en nuestras relaciones y oportunidades de crecimiento personal, nuestra motivación alcanza su punto máximo.

Cuando estos motores están desequilibrados, podemos acabar atrapados en la procrastinación y con una profunda sensación de desconexión con nuestro verdadero yo. Por ejemplo, el compromiso inquebrantable con perfeccionar las habilidades y superar los límites, alimentado por el afán de dominio, puede ser un poderoso motivador que nos conduzca a logros notables. Sin embargo, si nos encontramos en el entorno equivocado, esta determinación puede dar lugar a contratiempos, resentimiento, envidia y a que otras personas intenten sabotear nuestros resultados.

Del mismo modo, la influencia de la prueba social puede ser un arma de doble filo, ya que proporciona un sentimiento de pertenencia y validación, pero también corre el riesgo de ahogar la individualidad y limitar el crecimiento personal. La clave está en cultivar un enfoque equilibrado para lograr una motivación y una realización duraderas. La motivación también implica la aplicación estratégica de técnicas para cultivarla en diferentes contextos vitales. Sin presión externa, confiamos en nuestro impulso interior para perseverar.

Cuando nos sentimos aislados, necesitamos fijar objetivos claros y alcanzables, dividir las grandes tareas en pasos más pequeños y manejables y celebrar cada logro. A menudo, fomentar la automotivación implica superar obstáculos internos como las dudas. Sin embargo, es posible liberarse de estos patrones desafiando activamente la autoconversación negativa. Sustituir la autocrítica por la autocompasión y adoptar una mentalidad de crecimiento nos permite perseverar ante la adversidad.

Al analizar nuestros pensamientos, emociones y comportamientos, podemos identificar los patrones que nos llevan a procrastinar e interrumpirlos conscientemente. A menudo nos convertimos en nuestros críticos más severos, reprendiéndonos por nuestros defectos percibidos y perpetuando un ciclo de dudas y evasión. Sin embargo, si aprendemos a tratarnos a nosotros mismos con la misma amabilidad y comprensión con la que trataríamos a un amigo valioso, podremos liberarnos de este patrón destructivo y afrontar nuestros objetivos con confianza y determinación renovadas.

La motivación es un proceso dinámico que requiere atención y ajustes constantes. Para avanzar y evitar volver a procrastinar, necesitamos estrategias para mantener la motivación, cultivar la autodisciplina y ser flexibles. Sin embargo, es importante ser consciente de que la sensación de abrumo puede llevar a la procrastinación. Cuando nos enfrentamos a tareas grandes o complicadas, podemos sentirnos intimidados por su magnitud. Esta sensación de agobio puede llevarnos a un estado de parálisis en el que nos cuesta identificar el punto de partida.

La incapacidad para dividir las tareas en pasos manejables aumenta los sentimientos de ansiedad e inadecuación, alimentando aún más el ciclo de la procrastinación. Además, los déficits de atención causados por trastornos como el TDAH (Trastorno por Déficit de Atención e Hiperactividad) o las constantes distracciones de nuestro mundo moderno contribuyen significativamente a la procrastinación. Las personas con déficit de atención suelen tener dificultades para concentrarse en las tareas, lo que dificulta empezar y terminar el trabajo.

La atracción de actividades gratificantes de forma inmediata, como navegar por las redes sociales o por Internet, dificulta aún más nuestra capacidad para mantener el rumbo. Sin embargo, si se aplican estrategias para hacer frente a estos retos, es posible crear un entorno que favorezca la motivación sostenida y el crecimiento personal.

En resumen, rodearse de personas que nos apoyen y crear un entorno equilibrado son aspectos clave para mantener la motivación. Comprender la importancia del significado, la seguridad y el placer nos permite crear objetivos y comportamientos que se alineen con nuestro verdadero yo.

Capítulo 4: Estrategias Holísticas para Aumentar la Productividad

Las estrategias prácticas, como optimizar el entorno de trabajo, utilizar eficazmente la tecnología y aplicar técnicas de gestión del tiempo, pueden aumentar significativamente la productividad. Crear un espacio de trabajo centrado y libre de distracciones, establecer prioridades claras y utilizar herramientas como la técnica Pomodoro puede ayudarnos a no desviarnos de la tarea y a alcanzar nuestros objetivos.

La Técnica Pomodoro es un método de gestión del tiempo que divide el trabajo en intervalos de 25 minutos, con breves descansos entre ellos. Tras cuatro pomodoros, es necesario hacer una pausa más larga. Estos descansos regulares ayudan a prevenir el agotamiento y a mantener la claridad mental.

Sin embargo, es importante recordar que la productividad no consiste solo en ir completando tareas, sino en vivir una vida plena y con sentido. Aunque las recompensas externas, como el beneficio económico, el miedo al castigo o el deseo de aprobación social, pueden ser eficaces a corto plazo, a menudo no proporcionan la satisfacción duradera y el estímulo interno que puede aportar la motivación intrínseca.

Además, debemos aprender a reconocer y apreciar los momentos en que la adversidad puede superarse con alegría, así como los momentos en que el dolor suele preceder a la curación. Esta comprensión nos permite replantear nuestra perspectiva, aceptar la naturaleza cíclica de la vida y reconocer las oportunidades de crecimiento que surgen incluso de los obstáculos más difíciles. Reconocer que la armonía interior precede al éxito exterior requiere una autoevaluación honesta y el valor de enfrentarse a las creencias limitantes que dan forma a nuestras vidas.

Este enfoque no busca la perfección, sino el valor de desafiar nuestras creencias limitantes y zonas de confort. La vida es un rompecabezas complejo, y aceptarlo significa encontrar el equilibrio entre todas las cosas importantes. Esto incluye el autocontrol, la salud, las relaciones personales, el aprendizaje, la creatividad, el entretenimiento y la estabilidad financiera. Este enfoque holístico de la fijación de objetivos va más allá de la forma tradicional de hacerlo.

En el centro de todo está el autocontrol, la base sobre la que se sustenta todo lo demás. Al aprender a controlar nuestros impulsos, emociones y comportamiento, desarrollamos disciplina y resistencia. Al fijarnos objetivos que nos ayuden a desarrollar el autocontrol, adquirimos la fuerza necesaria para superar los retos y las tentaciones que se nos presentan. Sin embargo, el autocontrol y la salud están estrechamente relacionados.

Cuando cuidamos nuestro cuerpo y nuestra mente, nos sentimos mejor. Por ello, debemos hacer ejercicio con regularidad, comer alimentos sanos y hacer cosas que nos ayuden a relajarnos y a pensar con claridad. Cuando nos cuidamos, no solo nos volvemos más fuertes y sanos, sino también más seguros de nosotros mismos y capaces de afrontar los desafíos de la vida.

Las relaciones son igualmente importantes, ya que tienen un impacto significativo en nuestra salud mental y en nuestra felicidad. En este sentido, podemos centrarnos en reforzar las relaciones existentes, desarrollar nuevas conexiones significativas o mejorar nuestras habilidades de comunicación. Las relaciones sanas proporcionan apoyo emocional, ánimos y fomentan la responsabilidad.

El aprendizaje es un viaje que dura toda la vida y que amplía nuestros horizontes e incrementa nuestra capacidad de innovación. Ya sea mediante la educación formal, la adquisición de nuevas habilidades a través de la lectura o la exploración autodirigida, cultivamos una curiosidad y una adaptabilidad insaciables, cualidades esenciales en un mundo en constante cambio. Al ampliar continuamente nuestros conocimientos, nos abrimos a nuevas oportunidades de crecimiento personal y profesional y nos preparamos para afrontar los retos que nos depara el futuro.

Sin embargo, el conocimiento por sí solo no basta para adaptarse a un mundo en constante cambio. La creatividad surge como una fuerza poderosa que permite a las personas generar nuevas ideas y expresarse con autenticidad. Para destacar, las personas necesitan tener las habilidades adecuadas y estar más actualizadas, la capacidad de analizar diferentes perspectivas, de pensar de forma distinta y el valor de reconocer y aceptar sus emociones. Participar en actividades creativas no solo aporta alegría, sino que también refuerza la resolución de problemas, lo que beneficia nuestra vida personal y profesional.

Es importante no confundir la creatividad con el ocio. Los objetivos recreativos giran en torno al ocio, la relajación y las actividades que nos aportan alegría y nos rejuvenecen. El tiempo dedicado al ocio nos permite recargar las baterías mentales y emocionales, prevenir el agotamiento y promover una integración más sana entre el trabajo y la vida personal. Es importante recordar que la necesidad de autodesarrollo, la relajación y la adquisición de riqueza no son empeños separados, como muchos creen.

Aunque la riqueza no es el único indicador de éxito, proporciona seguridad y libertad financiera, lo que facilita la consecución de otros objetivos. Sin embargo, es importante que los objetivos relacionados con la riqueza estén alineados con nuestros valores y ética para garantizar que la prosperidad financiera no afecte a nuestra integridad o bienestar.

En resumen, la verdadera productividad consiste en vivir una vida feliz y con sentido. Para ello, es necesario centrarse en el autocontrol, cuidar la salud, cultivar las relaciones, aprender cosas nuevas, ser creativo, encontrar la alegría y lograr la estabilidad financiera, desarrollando así un sentido holístico del autocuidado.

Capítulo 5: Aprovechar la Tutoría y la Gestión del Tiempo para Alcanzar el Éxito

La orientación de mentores puede ser muy valiosa. Conectar con colegas que nos puedan dar ánimos, ser responsables y aportar perspectivas diferentes puede mejorar mucho nuestro progreso y mantener alta nuestra motivación. También pueden ayudarnos a organizar nuestras acciones. Cada acción que emprendemos refleja nuestras creencias, deseos y prioridades interiores. Como todo en la vida requiere inversión, la diferencia en nuestros resultados puede ser significativa si gestionamos sabiamente nuestro recurso más preciado: el tiempo.

Gestionar el tiempo de forma eficaz va más allá de simplemente programar las tareas; implica priorizar conscientemente las actividades que realmente se alinean con nuestros objetivos a largo plazo. Estos objetivos sirven de base para crear una rutina estructurada que encaje perfectamente en nuestra vida diaria. La constancia es clave, ya que los estudios demuestran que se necesitan 66 días de media para crear un nuevo hábito. Para crear un bucle de retroalimentación positiva que refuerce nuestro progreso y nos impulse, debemos empezar poco a poco e ir aumentando gradualmente la duración o la intensidad de nuestros comportamientos deseados.

Celebrar las pequeñas victorias a lo largo del camino refuerza nuestra confianza y fomenta una sensación de logro que nos motiva. Las recompensas consolidan la asociación entre un comportamiento y un resultado positivo, lo que aumenta la probabilidad de repetir el hábito. Como toda acción se deriva de una emoción, debemos alinear nuestros pensamientos, sentimientos y comportamientos para alcanzar nuestros objetivos. Al cultivar una actitud positiva y crear un entorno propicio para los hábitos productivos, nos acercamos a ellos.

Esta actitud positiva puede reforzarse cuando creemos en nuestros resultados. La capacidad de ver lo intangible y confiar en nuestras aspiraciones es un ejemplo del poder de la creencia. De hecho, la investigación ha demostrado que una dependencia excesiva de las recompensas extrínsecas puede debilitar la motivación intrínseca en ocasiones. Las personas pueden empezar a considerar una actividad como un medio para alcanzar un fin, en lugar de como una fuente de placer. Por eso, muchas personas ricas insisten en que el dinero no es el objetivo final, a diferencia de quienes lo ven como una solución a sus problemas.

La diferencia entre los ricos y los menos afortunados suele residir en su comprensión del origen de la riqueza. Los ricos reconocen que la riqueza proviene de una mente bien informada, del poder de las ideas y de la aplicación proactiva de estas ideas, superando el miedo al fracaso, mientras que los menos afortunados pueden descuidar su necesidad de educación en favor de aplicar sus ahorros, creyendo que la suerte, y no la inteligencia, es la forma más fiable de escapar de la pobreza. Esta mentalidad no solo perpetúa las dificultades financieras, sino que también contribuye a un estado espiritual de pobreza que afecta a las futuras generaciones nacidas en esos entornos.

En contextos religiosos, los ricos suelen rezar pidiendo oportunidades, mientras que los menos afortunados rezan pidiendo dinero. Sin embargo, el dinero puede ser volátil y dar lugar a ganancias a corto plazo, mientras que las oportunidades de negocios duraderos pueden proporcionar una seguridad financiera duradera. En lugar de centrarse únicamente en el dinero, puede ser más beneficioso para los menos afortunados labrarse un futuro estable mediante la búsqueda de empleo. Cuando reciben inesperadamente más dinero o bendiciones financieras, suelen gastar impulsivamente y acaban volviendo al punto de partida. Esta tendencia está relacionada con el miedo a la riqueza.

Para cambiar eficazmente esta mentalidad es necesaria una transformación psicológica profunda que incluya una reevaluación de las creencias sobre el dinero, una mayor disciplina, un aumento de la autoestima y un sentido de la responsabilidad. Los estudios sugieren que combinar la fe con imágenes mentales puede aumentar la autoestima y el sentido de la responsabilidad.

Un estudio de Holmes y Collins (2001) sugiere que las imágenes mentales pueden mejorar el rendimiento físico al crear un plano mental que se corresponde con la experiencia real.

Esta técnica se ha utilizado con éxito en psicología deportiva para mejorar el rendimiento atlético. Las técnicas de visualización, que implican el ensayo mental de los resultados deseados, pueden ser muy eficaces para mejorar el rendimiento y alcanzar objetivos. Además, un estudio de Pham y Taylor (1999) descubrió que las simulaciones mentales basadas en procesos, que implican visualizar los pasos necesarios para alcanzar un objetivo, son más eficaces que las simulaciones basadas en resultados, que se centran únicamente en el resultado final deseado.

Una visualización eficaz implica imaginar no solo el resultado deseado, sino también los pasos y acciones necesarios para conseguirlo, lo que aumenta las posibilidades de éxito. Esta visualización basada en el proceso también aumenta la motivación.

En resumen, para alcanzar tus objetivos es esencial saber gestionar bien el tiempo. Mantener una actitud positiva, creer en tus objetivos y utilizar la visualización puede ayudarte a mantener la motivación y alcanzar el éxito. Si alineas tus acciones con tus valores fundamentales, estarás en el buen camino para crear riqueza y alcanzar un éxito duradero.

Capítulo 6:
Convertir los Plazos en Oportunidades

La interacción dinámica de la anticipación, el refuerzo y el desafío crea un paisaje motivacional que anima a las personas a perseguir sus objetivos con un compromiso inquebrantable. Las técnicas de visualización son fundamentales para superar los contratiempos, crear expectación y fomentar la creencia en la consecución de los resultados deseados, a pesar de los obstáculos y retos a los que nos enfrentemos.

Mantener la esperanza y la creencia en un resultado concreto nos permite ver lo intangible, lo cual es fundamental ante la adversidad. Cuando alineamos nuestras actividades diarias con un propósito claro, junto con la visualización de nuestros resultados deseados, nos convertimos en una fuente inagotable de inspiración, creatividad y determinación. Al alinear conscientemente nuestros pensamientos, creencias y acciones con estos pilares, nos liberamos de la procrastinación y alcanzamos nuestro verdadero potencial.

Sin embargo, solo si comprendemos los factores subyacentes a nuestro comportamiento, podremos moldear conscientemente nuestras motivaciones y alinearlas con nuestros valores y aspiraciones más profundos. Este proceso implica enfrentarse a las ilusiones y abrazar el crecimiento personal, incluso cuando supone un reto y nos aísla. También es necesario reconocer que nuestras limitaciones suelen ser creaciones mentales autoimpuestas.

A medida que ampliamos nuestros conocimientos y desarrollamos nuestras habilidades, debemos rechazar los entornos y las personas que nos impiden progresar y alcanzar nuestros objetivos. La idea de que no debemos compartir nuestros sueños con los demás se deriva de esta verdad fundamental, aunque es más sensato evitar relacionarnos con personas con las que no podríamos compartir nuestra vida.

Esta capacidad de discernimiento requiere humildad para reconocer nuestros puntos fuertes y débiles, y buscar activamente oportunidades de aprendizaje, experimentación y desafío, incluso ante la incertidumbre o el riesgo de fracasar. La fuente de motivación más duradera es la búsqueda de una vida con sentido, llena de obstáculos que podemos superar. Sin embargo, a menudo ignoramos esto cuando permitimos que las personas entren en nuestras vidas y creemos que podemos cambiarlas con argumentos. Este planteamiento es una pérdida de tiempo y energía.

Nuestro propósito va más allá de la necesidad de aceptación externa, aprobación o riqueza material. Implica una comprensión profunda de que nuestro tiempo en la Tierra es limitado y de que la forma en que lo utilizamos contribuye a la realización de nuestra visión personal de un futuro ideal que trasciende nuestro viaje físico. Cultivar un sentido de propósito requiere introspección y reflexión sobre nuestros valores fundamentales, nuestras pasiones y el legado que queremos dejar. Esto incluye identificar las causas que resuenan con nosotros e imaginar el impacto que deseamos tener en el mundo.

Las relaciones significativas basadas en el respeto mutuo, la compasión y un sentido compartido del propósito proporcionan los recursos emocionales, prácticos e intelectuales necesarios para superar la procrastinación. Buscar y aceptar ayuda de los demás es un signo de fortaleza, no de debilidad. Al reconocer nuestras limitaciones y mostrar apertura al pedir ayuda, demostramos nuestro compromiso con nuestro propio desarrollo. Esto es especialmente cierto en el caso de los plazos.

Lejos de ser meras restricciones, los plazos, cuando se utilizan con habilidad, pueden servir como poderosas herramientas para identificar eficazmente los elementos de nuestra vida que nos impulsan hacia adelante y los que nos impiden progresar. Los plazos crean una sensación de urgencia y concentración que nos ayuda a priorizar tareas, mejorar la gestión del tiempo y movilizar nuestros recursos. Este mayor grado de concentración aumenta nuestra productividad y nos hace sentir profundamente satisfechos cuando alcanzamos nuestros objetivos.

Para aprovechar eficazmente el poder de los plazos, debemos desafiar activamente la autoconversación negativa, visualizar los resultados deseados y dividir las grandes tareas en pasos manejables. Así, podemos convertir los plazos, que suelen ser fuente de estrés, en oportunidades de realización y crecimiento personal. En lugar de ver el tiempo como un capataz implacable, podemos aprender a utilizarlo como un recurso valioso para impulsar nuestro crecimiento, comprender mejor el verdadero valor de nuestras relaciones y hacer realidad nuestros sueños.

En resumen, cuando los plazos se ven como oportunidades de crecimiento y realización personal, se convierten en herramientas increíblemente poderosas. Si alineamos nuestras acciones con un claro sentido del propósito y una fe inquebrantable en nuestras capacidades, superaremos la procrastinación y liberaremos todo nuestro potencial. Este proceso implica afrontar las limitaciones autoimpuestas, buscar apoyo externo y cultivar relaciones significativas.

Capítulo 7: Impulsar el Éxito

A veces, nuestras grandes aspiraciones pueden parecer abrumadoras e impedirnos avanzar. En lugar de intentar abordarlo todo a la vez, dividir nuestros objetivos en pasos más pequeños y manejables puede facilitar el progreso constante y crear impulso. El cambio real surge de la ejecución constante y disciplinada de acciones que pueden parecer insignificantes.

Los hábitos y rutinas diarios, como hacer ejercicio regularmente, alimentarse de forma consciente y meditar, son fundamentales para el éxito en todos los ámbitos de la vida. Cuando nos centramos en objetivos a corto plazo que pueden alcanzarse en días o semanas, estos pequeños pasos pueden proporcionar logros tangibles y motivación para seguir avanzando. Celebrar estas victorias crea un bucle de retroalimentación positiva que alimenta nuestro deseo de afrontar el siguiente reto.

Al igual que una piedra que rueda cuesta abajo, nuestras acciones pueden ganar impulso y fuerza con constancia y determinación. Cada tarea e hito completado nos impulsa hacia delante, haciendo que obstáculos que parecían insuperables para nuestros objetivos a largo plazo parezcan más alcanzables. Al alinear nuestros hábitos diarios y objetivos a corto plazo con nuestras aspiraciones más grandes y ambiciosas, conseguimos un equilibrio armonioso en varios aspectos de nuestras vidas.

En el ámbito profesional, los micropasos pueden consistir en reservar tiempo cada día para desarrollar habilidades, establecer contactos o planificar estrategias. Estas pequeñas acciones, acumuladas a lo largo del tiempo, conducen a un progreso constante hacia nuestros objetivos profesionales: conseguir un ascenso, lanzar un nuevo negocio o hacer la transición a un campo de trabajo más gratificante.

En el ámbito financiero, los pasos básicos incluyen presupuestar, ahorrar y gestionar las deudas. Si seguimos con constancia estos pequeños pasos, podemos alcanzar objetivos a corto plazo, como aumentar los ingresos mediante actividades secundarias o inversiones estratégicas. De este modo, sentamos las bases para la estabilidad financiera a largo plazo y la libertad de perseguir nuestras pasiones sin preocuparnos por las finanzas.

Del mismo modo, el enfoque de micropasos puede ser igualmente transformador para nuestro bienestar emocional. Al incorporar a nuestras rutinas diarias prácticas regulares de autorreflexión, escritura de diarios y gestión del estrés, cultivamos la resiliencia emocional. Así, afrontamos más fácilmente los retos de nuestra vida personal y profesional.

El crecimiento intelectual también se ve favorecido por un enfoque estructurado en la fijación de objetivos. En lugar de consumir grandes cantidades de información sin reflexionar, podemos cultivar un hábito de lectura constante fijándonos objetivos alcanzables, como leer 20 páginas al día, participar activamente en experiencias de aprendizaje colaborativo y buscar continuamente oportunidades de formación continua y mejora de las competencias. A medida que estos pequeños pasos se acumulan con el tiempo, ampliamos nuestros conocimientos y abrimos nuevas vías de crecimiento personal y profesional.

Sin embargo, no debemos descuidar la esfera social, ya que nuestras conexiones con los demás tienen un impacto significativo en nuestro bienestar y felicidad. Al establecer pequeños objetivos relacionados con la creación de redes, la participación en la comunidad y el fomento de las relaciones existentes, podemos construir gradualmente una red social solidaria y enriquecedora que repercuta positivamente en nuestras vidas. La clave está en cultivar relaciones que resuenen con nuestras aspiraciones y nos potencien, en lugar de drenar nuestra energía.

Por ejemplo, he mantenido conversaciones con numerosos empresarios de éxito de diversas nacionalidades que me han inspirado para escribir más y mejores libros. Su percepción de mi obra como una maravilla atemporal capaz de elevar a innumerables almas me llenó de honor y responsabilidad para producir un trabajo aún mejor. Por el contrario, la mayoría de las personas de diversos orígenes me hicieron sentir inadecuada por no ajustarme a sus estrechas ideas sobre lo que debe ser un escritor, un libro o mi estilo de vida. Algunos alabaron mi libertad para viajar, pero muchos intentaron convencerme de que mi estilo de vida, conseguido tras una década de diversos trabajos, era erróneo.

La influencia negativa de la mayoría de la gente sobre mí era evidente en mi estado emocional. Me desmotivaban, me hacían perder interés por mi trabajo y a menudo me llevaban a procrastinar. En cambio, el grupo de empresarios que conocí me inspiró para buscar formas de mejorar mi rendimiento personal y profesional. Esta diferencia es significativa y no puede pasarse por alto. A mucha gente le interesa más vernos luchar, fracasar y rendirnos que vernos triunfar. Se conforman con nuestros fracasos, como demuestran sus sonrisas ante nuestro agotamiento y falta de resultados. A menudo, estas personas forman parte de nuestra propia familia.

En resumen, para alcanzar tus sueños, tienes que dividirlos en pasos más pequeños y manejables. Si das pasos coherentes y disciplinados, como hábitos diarios y objetivos a corto plazo, cogerás impulso y harás que tus sueños a largo plazo sean más alcanzables. Por el camino, recuerda rodearte de personas positivas que te apoyen y confíen en ti.

Capítulo 8: Afrontar y Superar la Resistencia

Quienes quieren mejorar a menudo se enfrentan a resistencias. Algunas personas son complacientes y se ponen en contra de quienes tienen el valor de perseguir sus sueños. Debemos seguir adelante y, en ocasiones, enfrentarnos a quienes intentan impedir que alcancemos nuestros objetivos. Estas personas pueden insultarnos o incluso volverse violentas si no estamos de acuerdo con ellas o con nuestra forma de enfrentarnos a su arrogancia, egoísmo e ideas delirantes sobre la vida.

Aunque la meditación y los paseos por el parque pueden ayudarnos a recuperar la energía necesaria para enfrentarnos a entornos estresantes, no bastan para mantener una motivación a largo plazo. Las personas con las que nos relacionamos tienen un impacto significativo en nuestros niveles de motivación a lo largo del tiempo y pueden hacernos procrastinar cuando su energía es baja. Para mantener la productividad, debemos identificar claramente estas influencias y esforzarnos por evitarlas.

La autoconciencia, junto con medidas proactivas, proporciona el equilibrio ideal entre nuestro yo auténtico, el mundo y nuestra expresión creativa. Es a través de momentos de contemplación, reflexión y pensamiento claro como conectamos con algo más allá de nosotros mismos y profundizamos en la comprensión de nuestro lugar en el universo. Los retos a los que nos enfrentamos, las lecciones que aprendemos y las conexiones que establecemos en el camino conforman nuestra identidad. Para comprender cómo nos afecta todo, también debemos reconocer la compleja relación entre nuestro entorno físico, nuestro estado mental y nuestras estrategias de productividad.

Un espacio de trabajo bien diseñado, libre de distracciones y rodeado de las personas adecuadas, favorece la concentración, la colaboración y la consecución de objetivos. Para aumentar la productividad, debemos hacer que nuestro entorno de trabajo sea lo más eficiente posible. Esto significa organizar cuidadosamente nuestros muebles y herramientas para que todo lo que necesitemos esté al alcance de la mano. También queremos crear un entorno tranquilo y silencioso, lo que se puede conseguir utilizando auriculares con cancelación de ruido, desactivando las notificaciones y estableciendo zonas de silencio específicas.

Sin embargo, lograr este equilibrio ideal entre trabajo y vida privada puede ser especialmente difícil para los trabajadores a distancia y los contratistas independientes, que se enfrentan al reto único de separar su entorno laboral del personal. Para mantener la concentración durante la jornada laboral, los trabajadores independientes pueden establecer horarios específicos, crear un espacio de trabajo dedicado y comunicar su disponibilidad a familiares o compañeros de piso.

La tecnología puede agilizar los procesos, mejorar la comunicación y facilitar la colaboración, lo que contribuye a aumentar la productividad. El software de gestión de proyectos, las plataformas de comunicación y las herramientas de automatización también pueden ayudarnos a mantenernos organizados, a reducir la introducción manual de datos y a liberar tiempo para actividades estratégicas.

Sin embargo, es importante encontrar un equilibrio a la hora de integrar la tecnología en el lugar de trabajo. Una dependencia excesiva de las herramientas digitales puede provocar una sobrecarga de información y un aumento de las distracciones. Debemos evaluar periódicamente nuestro uso de la tecnología para asegurarnos de que esta se adapta a nuestros objetivos de productividad. Esto puede incluir organizar archivos digitales, desactivar notificaciones innecesarias o establecer horarios específicos para consultar el correo electrónico.

La autoevaluación, una poderosa herramienta para aumentar la autoconciencia, proporciona información valiosa sobre nuestros patrones de comportamiento y áreas de mejora. Al establecer normas coherentes con resultados mensurables, creamos un entorno favorable al crecimiento y la responsabilidad. Comprender las razones de nuestros actos es fundamental para promover cambios duraderos que nos ayuden a alcanzar nuestros objetivos a largo plazo. Al reconocer la conexión entre nuestras acciones, pensamientos y emociones, podemos cambiar nuestro enfoque hacia acciones que nos acerquen a nuestros objetivos y evitar distracciones con los aspectos mundanos de la vida diaria.

Nuestra productividad no solo consiste en lo que hacemos o en lo eficientes que somos. También se trata de cómo afrontamos los retos, aprendemos de nuestros errores y avanzamos. Para quienes temen fracasar, ver los errores y los fracasos como oportunidades para aprender y crecer puede reducir la presión por ser perfectos. La autoevaluación ofrece esta oportunidad, ya que puede utilizarse como método de evaluación personal y para adquirir una mayor conciencia de los desencadenantes motivacionales y los elementos distractores.

En resumen, a menudo encontramos resistencia cuando perseguimos nuestros sueños, pero la autoconciencia y las medidas proactivas pueden ayudarnos a superarla. Para ser productivos, necesitamos un buen espacio de trabajo, saber utilizar nuestra tecnología y reservar tiempo para hacer balance. La productividad no consiste solo en ser rápido, sino en crecer y mejorar.

Capítulo 9: Superar el Autosabotaje

Establecer expectativas realistas y aceptar la imperfección puede reducir significativamente la ansiedad al iniciar o completar tareas. El autoconocimiento fomenta el crecimiento personal, mientras que las ilusiones que nos creamos a menudo acaban provocando arrepentimiento. Cuando la motivación decae, es fundamental volver a conectar con los motivos que nos llevaron a fijarnos objetivos en primer lugar. Reconectar con las motivaciones intrínsecas y las aspiraciones que nos inspiraron originalmente puede reavivar el interés y el entusiasmo. Introducir variedad y novedad en nuestras rutinas también puede ayudar a recuperar esta chispa. Participar en nuevas actividades o cambiar nuestra forma de abordar las tareas existentes proporciona una perspectiva nueva y una motivación renovada.

Cuando estas estrategias no funcionan, es importante reconocer que la procrastinación puede tener su origen en factores psicológicos arraigados en traumas pasados, miedos, ansiedades y comportamientos de autosabotaje influidos por creencias o imágenes de uno mismo que se manifiestan en nuestros pensamientos y acciones. Enfrentarnos a nuestro yo idealizado a través de la visualización, creando una imagen mental de nuestros logros deseados, nos permite ahondar en nuestro subconsciente y reflexionar sobre lo que nos frena. Este proceso empieza por reconocer nuestras emociones y aceptar que nos conducen a su fuente. Así, las emociones nos llevan a nuestros recuerdos, donde redescubrimos influencias olvidadas sobre nuestras elecciones y comportamientos autosaboteadores.

Por ejemplo, la fuerte oposición de una familia a nuestras ideas y a nuestras inversiones en proyectos actuales puede generar un intenso miedo al rechazo. Este miedo puede impedirnos salir de nuestra zona de confort o perseguir objetivos financieros más ambiciosos, incluso cuando su oposición ya no tiene impacto en nuestras vidas. Del mismo modo, el rechazo social en tiempos de abundancia puede dejarnos traumatizados y con miedo a enriquecernos debido a experiencias pasadas de insultos y violencia. Nuestros miedos no siempre tienen una base racional, pero nuestro subconsciente no distingue entre amenazas reales e imaginarias. De hecho, los traumas, miedos y ansiedades que arrastramos funcionan como defensas naturales de nuestro cuerpo para protegernos de cualquier daño, real o imaginario.

El miedo es un instinto de supervivencia innato y quienes carecen de él suelen tener una vida infeliz al final. Por ejemplo, hacerse selfis desde alturas peligrosas, montar en moto sin casco o conducir sin tener en cuenta a los demás en la carretera son ejemplos de personas que no tuvieron en cuenta su miedo y murieron a consecuencia de ello. El miedo y la ansiedad son aspectos fundamentales del cuerpo y la mente que garantizan nuestra supervivencia. El cuerpo no dará prioridad a un sueño sobre su propia supervivencia. Por lo tanto, es crucial afrontar y neutralizar nuestros miedos y ansiedades mientras perseguimos nuestros objetivos.

También es importante considerar cómo contribuyen nuestros sueños a nuestra supervivencia. Muchas personas se enfrentan a dificultades económicas y no consiguen hacer realidad sus sueños debido a creencias contradictorias sobre la supervivencia. Por ejemplo, aunque el dinero puede mejorar nuestras vidas, muchas personas tienen la arraigada creencia de que acumular riqueza es egoísta y supondrá una carga para las amistades, la pérdida de respeto por parte de los miembros de la familia e incluso el rechazo de la comunidad religiosa. En consecuencia, dan prioridad al estatus social sobre las dificultades financieras. En lugar de centrarse en acumular riqueza, valoran tener una vida social bien desarrollada y ser respetados. A menudo, estos individuos se consuelan manteniendo un trabajo insatisfactorio o miserable, aunque no lo admitan abiertamente.

Aunque desviarse de las normas sociales puede llevar al fracaso, este suele deberse al autosabotaje y la procrastinación, más que a la desgracia. Lo cierto es que detrás de cada historia de alguien que fracasó a la hora de crear una empresa de éxito hay un individuo que priorizó la comodidad sobre el trabajo duro y descuidó su sentido de la responsabilidad. En su lugar, se centraron en su imagen social y familiar. Lo hicieron porque eligieron la comodidad en lugar de pasar a la acción.

Al afirmar que hemos fracasado, a menudo nos engañamos a nosotros mismos y a los demás sobre las verdaderas razones de nuestra caída. Esto es especialmente cierto si tenemos en cuenta que el verdadero fracaso se produce cuando nos rendimos. Antes de fracasar, las personas suelen buscar justificaciones internas o externas para sus resultados, lo que les lleva a enfermarse a sí mismas o a conseguir que otros cambien sus circunstancias. La gente suele buscar excusas para rendirse en lugar de asumir la responsabilidad de sus actos. Quieren evitar autoinculparse y explicar sus fracasos a los demás sin sentirse responsables. Aceptar la responsabilidad de nuestros propios fracasos significa reconocer que los hemos provocado nosotros mismos, y la gente no quiere hacerlo porque les obligaría a responsabilizarse de sus resultados.

En resumen, establecer expectativas realistas y aceptar las imperfecciones puede reducir la ansiedad y aumentar la motivación. Para liberarnos de los comportamientos autosaboteadores, debemos comprender los factores psicológicos subyacentes a la procrastinación. Los traumas y miedos del pasado pueden obstaculizar nuestro progreso, por lo que es crucial afrontarlos y neutralizarlos.

Capítulo 10: Afrontar el Sabotaje Social y la Disonancia Cognitiva

No es raro que las personas saboteen sus propios éxitos y los de los demás para convencerse de su propia verdad y evitar la disonancia cognitiva. Recuerdo, por ejemplo, cómo ciertas relaciones afectaron negativamente a mi carrera como escritor. Las mujeres con las que salía creían que yo estaba destinado al fracaso y, para que esta creencia fuera congruente con la realidad, me animaban a gastar dinero en viajes extravagantes y cenas fuera de casa, además de poner excusas a menudo para interponerse en mis planes y obstaculizar mi capacidad para alcanzar mis objetivos.

Este patrón se extendió a los miembros de mi familia, que se negaron a apoyarme cuando decidí ir a la universidad después de vivir en la calle. Más tarde, también se negaron a ayudarme a montar un negocio y a comprar una empresa que ya tenía éxito.

Incluso mis amigos de entonces intentaron convencerme de que mis esfuerzos eran inútiles.

Cuando sacaba buenas notas, los profesores invalidaban los resultados de mis exámenes alegando que tenía que repetirlos porque muchos estudiantes los habían suspendido. La verdadera razón era que yo tenía la nota más alta y mi personalidad no encajaba con el ideal de estudiante de éxito. No encajaba con su idea de cómo debe comportarse un ciudadano de éxito ni con su concepto de personalidad. Tampoco tenía un historial que justificara mis resultados.

La gente intenta mantener su visión idealizada del mundo, asociada al estatus social, la jerarquía y el orden, para evitar la incomodidad que supondría equivocarse en todo lo que creen que es verdad. Prefieren sacrificar a una oveja negra en beneficio de todos los demás antes que aceptar opiniones incómodas. A lo largo de mi vida, he observado que mucha gente hará todo lo posible para asegurarnos la perdición, especialmente cuando se trata de creencias religiosas.

Los adeptos religiosos suelen argumentar que la riqueza y la espiritualidad no pueden coexistir, que trabajar duro es señal de falta de fe y que hay que confiar exclusivamente en Dios. Sin embargo, estas ideas son absurdas e implican que el esfuerzo es intrínsecamente malo. Por ello, intentan socavar a quienes desafían estas creencias con su estilo de vida, incluso cuando estas personas simplemente están reconociendo y apreciando las bendiciones divinas en sus vidas por las que han rezado.

Muchas de estas personas también intentaron impedir que leyera y escribiera, alegando que estaba haciendo un flaco favor a la humanidad y que los únicos libros que merecían la pena ya se habían escrito. Algunos incluso me sugirieron que me buscara un trabajo «de verdad» y tacharon mis escritos de meras opiniones personales que no concordaban con mis puntos de vista. Ponían su arrogancia por encima de la verdad, sus opiniones por encima de mis conocimientos y se negaban a participar en debates, ya que eso les obligaría a admitir sus propios errores. Y, como descubrí a menudo, también discrepaban de las opiniones de sus propios fundadores y contradecían sus propios libros.

Además de los desacuerdos entre miembros de una religión concreta, encontramos ambigüedades en escritos muy antiguos, muchos de los cuales se han traducido de forma errónea. Esto significa que podemos obtener interpretaciones contradictorias, dependiendo de la sección de los libros religiosos que elijamos analizar y de cómo interpretemos las palabras de esos pasajes. En Mateo 6:24, por ejemplo, se lee: «Nadie puede servir a dos señores. Porque no se puede servir a dos señores: o se odia a uno y se ama al otro, o se es devoto de uno y se desprecia al otro. No se puede servir a Dios y al dinero». Sin embargo, Proverbios 10:22 dice: «La bendición del Señor trae riqueza sin esfuerzo». Y Eclesiastés 5:19 afirma: «Cuando Dios da a alguien riquezas y posesiones y la capacidad de apreciarlas, de aceptar su suerte y de ser feliz en su condición, eso es un don de Dios».

Por desgracia, la inmensa mayoría de la gente se niega a adaptar su visión de la riqueza y, en cambio, se aferra a sus propias interpretaciones para evitar admitir sus propios errores, avergonzarse y buscar la conformidad en sus relaciones y puntos de vista. En consecuencia, discrepar de un grupo suele significar ser condenado al ostracismo. Cuanto más me dedicaba al crecimiento y la mejora personales, más perdía de vista a mis amigos e incluso el respeto de mi familia, que empezaron a difundir rumores sobre mi supuesta maldad. Este comportamiento tiene su origen en el hecho de que, cuando la gente no te quiere, recurre a la calumnia y la difamación, aunque antes te quisiera. Este comportamiento también puede estar relacionado con la envidia y el resentimiento por sus propios fracasos.

En resumen, la gente suele sabotear el éxito de los demás para mantener sus propias creencias y evitar la disonancia cognitiva. Este comportamiento puede adoptar muchas formas, como menospreciar a la gente o difundir rumores, y puede estar alimentado por creencias religiosas, en las que las personas pueden ignorar o incluso atacar a quienes no están de acuerdo con ellas.

Capítulo 11: Los Prejuicios Psicológicos y Su Efecto en la Sociedad

Las personas son criaturas fundamentalmente emocionales que a menudo hacen caso omiso de todo lo que has hecho por ellas en favor de reprimir sus sentimientos de inadecuación, especialmente si hay arrogancia de por medio. Por desgracia, muchas personas que conocemos se vuelven contra nosotros en cuanto logramos lo que ellos nunca hicieron o dejaron de hacer. Se consumen por sentimientos de inadecuación, inferioridad y fracaso.

Este fenómeno no solo afecta a los individuos, sino también a grupos y naciones. A menudo, las naciones saquean y colonizan a otras por sus recursos. En lugar de mirar hacia dentro y reflexionar sobre sus elecciones, la mayoría de la gente proyecta sus emociones negativas en los demás y los culpa de sus sentimientos como si fueran la causa. Por eso hay tanta hostilidad cuando alcanzamos el éxito.

La gente nunca reconoce el esfuerzo, los fracasos, los sacrificios y el sufrimiento que conlleva alcanzar el éxito. Simplemente creen que uno no se merece lo que tiene, pero sí ellos. A menudo, también creen que el universo es escaso y limitado, y que tomamos lo que originalmente estaba destinado a ellos, o que deberían tenerlo sin ninguna razón en particular.

La desigualdad social es un problema mundial que contribuye a la delincuencia y la violencia, al igual que las ideas políticas que empobrecen a las naciones en nombre del bien común, como el comunismo. En países como Filipinas, donde la pobreza está muy extendida, prestar dinero a menudo conduce al asesinato por parte de quienes no pueden devolverlo. En Brasil, el 10 % más rico posee más del 40 % de la renta nacional, mientras que el 50 % más pobre posee menos del 10 %. Esta desigualdad está estrechamente relacionada con la elevada tasa de homicidios de Brasil, que superó las 40 000 víctimas en 2023, una de las más altas del mundo.

Los estudios de psicología social demuestran que las personas tienden a culpar a factores externos de sus fracasos. Este fenómeno, conocido como sesgo del ego, puede provocar hostilidad y resentimiento hacia las personas de éxito. Por ejemplo, una investigación de Miller y Ross (1975) demostró que las personas tienden a atribuirse el mérito de sus éxitos, pero culpan a factores externos de sus fracasos, lo que puede llevarles a proyectar emociones negativas en los demás.

Por el contrario, un informe de 2011 de la Oficina de las Naciones Unidas contra la Droga y el Delito (ONUDD) concluyó que las comunidades seguras promueven una sensación de bienestar y seguridad, lo que puede conducir a mayores niveles de cohesión social y productividad. Las personas que se sienten seguras tienen más probabilidades de participar en actividades comunitarias y contribuir a la economía local. Además, un estudio de la Escuela de Negocios de Harvard (1999) descubrió que la seguridad psicológica en el trabajo está asociada a una mayor productividad. Los empleados que se sienten seguros y apoyados son más propensos a asumir riesgos, innovar y colaborar eficazmente.

Por estas razones, el traslado puede afectar significativamente a nuestro bienestar y productividad. Cuando el traslado no es una opción, una forma práctica de aumentar nuestra paz interior es a través de la meditación. La práctica regular de la meditación entrena la mente para concentrarse y reduce las distracciones. Una meditación sencilla consiste en sentarse en silencio durante unos minutos, concentrarse en la respiración y redirigir suavemente la mente cuando divaga. Esta práctica no solo calma la mente, sino que también refuerza la capacidad de concentración en las tareas. Los estudios han demostrado que incluso unas breves sesiones diarias de meditación pueden mejorar la atención y la flexibilidad cognitiva, dos factores fundamentales para la productividad.

Un estudio publicado en la revista Research in Psychiatry descubrió que los participantes que meditaron diez minutos diarios durante quince días mostraron mejoras significativas en la atención y la memoria. Otro estudio, realizado en la Universidad de Carolina del Norte en Charlotte, descubrió que incluso sesiones breves de meditación consciente pueden mejorar la función cognitiva, incluida la atención sostenida y la función ejecutiva. Sin embargo, la observación consciente es un método igualmente eficaz para mejorar el bienestar mental. Consiste en tomarse un momento para observar el entorno, los pensamientos y las emociones sin juzgar.

Por ejemplo, cuando sientas el impulso de procrastinar, respira hondo unas cuantas veces y concéntrate en las sensaciones de tu cuerpo, los pensamientos que pasan por tu mente y las emociones que sientes. Esta práctica puede ser incluso más eficaz al aire libre, por ejemplo, sentado junto a un lago, un río o el océano y sintiendo la brisa en la piel. Te ayuda a desconectar de los impulsos inmediatos y a tomar decisiones más conscientes.

En resumen, la gente suele proyectar sus emociones negativas en personalidades de éxito, culpándolas de sus propios fracasos y carencias. Este fenómeno, alimentado por prejuicios egoístas y una mentalidad de escasez, genera hostilidad y resentimiento. Afortunadamente, prácticas como la meditación y la observación consciente pueden aumentar el bienestar y la productividad.

Capítulo 12: Enfrentarse al Síndrome del Impostor

La claridad de propósitos puede reducir significativamente los sentimientos de opresión y procrastinación. Por ejemplo, en lugar de establecer un objetivo vago, como «trabajar en el proyecto», puedes especificar «terminar el primer borrador de la introducción para el mediodía». Esta especificidad proporciona dirección y hace que la tarea sea más manejable. Además, si analizamos detenidamente nuestros factores desencadenantes de la procrastinación, nuestros puntos débiles y nuestros momentos de menor claridad mental, podemos desarrollar estrategias eficaces para superarlos. Al identificar los momentos concretos del día en que somos menos productivos, podemos evitar realizar tareas importantes durante esos momentos y dedicarnos en su lugar a actividades más fáciles o recreativas.

Este sentido de la responsabilidad, junto con la autoevaluación, nos permite actuar de forma proactiva ante la procrastinación en lugar de de forma reactiva. En lugar de culparnos por nuestros resultados, debemos entender cómo responden a ellos nuestro cuerpo y nuestra mente. Por ejemplo, cuando llego a un nuevo país, puedo tardar algún tiempo en encontrar el entorno de trabajo ideal. No siento la misma energía en todas partes y, sin duda, algunas son más propicias para mi productividad que otras. Aunque en algunos lugares me siento abrumada y agotada, en otros soy muy productiva y estoy muy concentrada. Pero, en lugar de perder el tiempo intentando averiguar por qué, me centro en elegir el entorno adecuado.

Muchas personas dedican un tiempo desmesurado a buscar explicaciones y se frustran cuando no las encuentran. Creen que todo necesita una explicación y una forma de hacer las cosas antes de actuar. Como resultado, evitan explorar cosas que no pueden explicar a los demás. Asocian el éxito con tener un plan y les cuesta imaginar la vida sin él. Sin embargo, esta mentalidad crea un camino predecible que a menudo conduce al fracaso. Un simple cambio de enfoque puede conducir a un mayor éxito.

Se resisten a cambiar su mentalidad porque contradice un aspecto fundamental de su personalidad. Su sistema de creencias está entrelazado con su proceso de toma de decisiones, por lo que cambiar de mentalidad no solo pondría en peligro el valor de sus decisiones pasadas, sino también su autenticidad. Esta resistencia es la raíz del síndrome del impostor, un patrón psicológico en el que las personas dudan de sus capacidades, talentos o competencias y temen ser descubiertas como un fraude. A pesar de las pruebas de competencia, siguen convencidos de que no merecen sus logros, atribuyen el éxito a la suerte más que a la capacidad y temen quedar expuestos como incompetentes.

Superar el síndrome del impostor implica cambiar nuestros patrones de pensamiento, como la necesidad de tener un plan o una explicación para nuestras acciones. Cuanto menos sienta la necesidad de justificar sus decisiones, pensamientos y resultados, más probabilidades tendrá de alcanzar sus objetivos. Cuando explicamos las cosas a los demás, cambiamos nuestro enfoque de buscar oportunidades a buscar aprobación. Esta alineación con patrones de fracaso se produce siempre que sientes la necesidad de justificar tus pensamientos y decisiones ante otras personas.

A las personas de éxito les suele resultar difícil mantener conversaciones normales con quienes no comparten su forma de pensar. Como resultado, pueden darse cuenta de que tienen menos amigos o de que están solos en su camino hacia el éxito. Solemos evitar las cosas y las personas que no entendemos o sobre las que no tenemos control. Para superar los retos hay que vencer la duda, un enemigo insidioso que susurra mentiras, impide avanzar y paraliza la acción, al tiempo que nos enfrentamos a las limitaciones de comprensión de los demás y a cómo utilizan estas limitaciones para convencernos de que estamos equivocados y ellos tienen razón.

Los seres humanos somos fundamentalmente egocéntricos, egoístas e impulsados por la necesidad de aceptación y comodidad. Por esta razón, tienden a racionalizar sus creencias y a ajustarse a las vías neurológicas que se han consolidado a lo largo de los años, en lugar de cambiar. El cambio no solo los invalidaría a ellos, sino también a todos los que les han convencido de que su forma de pensar es la correcta. De hecho, pueden reaccionar violentamente cuando se enfrentan a la verdad que no pueden aceptar, porque la perciben como una afrenta al statu quo y una amenaza a su identidad social. Sus arrebatos violentos son mecanismos psicológicos de defensa diseñados para protegerse de la locura, ya que temen lo que la verdad pueda revelar sobre sí mismos y sobre las personas en las que han confiado.

En resumen, comprender el propósito que hay detrás de nuestras acciones y reconocer los desencadenantes que llevan a la procrastinación son claves para superar las dudas y alcanzar el éxito. El síndrome del impostor, derivado de la necesidad constante de justificación y aprobación, puede impedirnos asumir riesgos y aprovechar nuevas oportunidades. Para salir de este ciclo, debemos afrontar nuestras dudas, desafiar las normas sociales y centrarnos en nuestro crecimiento personal en lugar de buscar la validación externa.

Capítulo 13: Superar las Dudas Sobre Uno Mismo Mediante la Introspección y la Aceptación

Nadie reacciona de forma más agresiva ante la verdad que alguien que ha fracasado repetidamente. Quienes fracasan suelen evitar enfrentarse a sus fracasos porque desencadenan emociones negativas abrumadoras de las que se han distanciado cuidadosamente. Estas emociones están relacionadas con recuerdos enterrados de decepción, traición o abuso. Las personas que han fracasado suelen estar oprimidas por recuerdos que quieren reprimir a toda costa. Entonces fabrican una identidad en torno a la represión de estas emociones y recuerdos para conseguir la aceptación social.

Nadie representa mejor su verdadera identidad que alguien que se avergüenza de su pasado. Estos individuos fracasan no porque no sean conscientes, sino porque temen mostrarse ante los demás y ante sí mismos. La verdad les asusta porque les enfrenta a sus carencias y recuerdos dolorosos. Un solo trauma puede definir toda la existencia de una persona. Sin embargo, una vez revelado y superado, puede cambiar por completo la personalidad de una persona y llevarla por caminos inesperados.

Las personas sanas suelen ser inesperadas e imprevisibles porque pueden asumir la responsabilidad de sus actos y aceptar su pasado, por vergonzoso o traumático que sea. En cambio, las personas más enfermizas se vuelven extremadamente predecibles debido a su incapacidad para cambiar y hacer introspección. Quienes niegan su responsabilidad suelen ser incapaces de hacerlo porque temen las consecuencias de sus errores y traumas pasados. Este miedo les impide enfrentarse a sus recuerdos y aceptar las emociones que evocan, lo cual es necesario para trascender dichos recuerdos y afrontar el futuro con absoluta responsabilidad personal.

Para lograr el cambio y superar la duda, es necesario afrontar nuestros miedos y aceptar el pasado. Aunque encontrar al terapeuta adecuado puede acelerar el proceso al permitirnos afrontar y elegir recordar los aspectos que preferiríamos olvidar, el resultado terapéutico es irrelevante si no existe la voluntad de asumir la responsabilidad de nuestras vidas y reprogramar nuestra mente y nuestra relación con nosotros mismos. El viaje a las profundidades de nuestro subconsciente, donde suele estar enterrado nuestro auténtico yo bajo capas de traumas, requiere una decisión consciente de reprogramar nuestra mente y remodelar nuestro sentido del yo.

El primer paso fundamental es identificar el origen de la inseguridad. La duda no es un defecto inherente, sino un comportamiento aprendido, influido por presiones externas y por la interiorización de la negatividad. Aunque las opiniones de los demás son importantes, no deben definir nuestra autoestima. La validación social, aunque es tentadora, es efímera y poco fiable. La verdadera autoestima proviene de la autovalidación, es decir, del reconocimiento de nuestro valor y potencial intrínsecos. Para conseguirlo, es necesario un compromiso inquebrantable con la superación personal.

La autoconversación negativa, caracterizada por un bombardeo constante de comentarios críticos, puede ser un obstáculo formidable que refuerza las dudas. Es fundamental identificarlos y cuestionarlos para sustituirlos por afirmaciones de fuerza y capacidad. Esta reestructuración cognitiva es necesaria para combatir la duda, ya que, aunque nuestra mente es una herramienta poderosa, se deja influir fácilmente por prejuicios negativos y patrones condicionados. Para superarlo, debemos cultivar una conciencia clara de nuestros procesos de pensamiento. Cambiar la percepción reduce la ansiedad y fomenta la confianza y la claridad.

También puedes recordar momentos felices de tu vida y tratar de entender por qué te hicieron sentir así. Es probable que descubras capas de sufrimiento y frustración que han minado tu esencia, te han llevado por caminos impredecibles y aún pueden influir en tus percepciones y elecciones actuales. Es esencial aceptar lo desconocido en ti mismo y en el mundo, así como ser consciente de la posibilidad de contratiempos en tus relaciones con los demás y contigo mismo.

Esta es la esencia del perdón. No se trata de olvidar, sino de reconocer las limitaciones propias y ajenas. La oración cristiana de perdonar a los demás, como pedimos a Dios que nos perdone, debe interpretarse como el reconocimiento de las limitaciones de los demás, del mismo modo que reconocemos nuestras propias imperfecciones. De hecho, el primer registro escrito conocido del Padrenuestro en griego koiné, la lengua del Nuevo Testamento, que se encuentra en los Evangelios de Mateo y Lucas, sugiere que la frase se traduce con más precisión como «Perdona nuestras ofensas como nosotros perdonamos a nuestros deudores», que se ajusta más al concepto de imperfección.

En resumen, las personas que evitan enfrentarse a sus fracasos suelen hacerlo para suprimir emociones y recuerdos negativos, lo que les da una falsa sensación de aceptación social. Sin embargo, para superar de verdad las dudas sobre uno mismo, hay que identificar su causa subyacente y desafiar los patrones de pensamiento negativos. El perdón, no como olvido, sino como reconocimiento de la imperfección, es crucial para liberarnos de la tendencia al autosabotaje.

Capítulo 14: El Significado Espiritual del Perdón

En la antigua sociedad griega, el concepto de deuda (ὀφειλήματα - opheilēmata) era de inmensa importancia, abarcando no solo obligaciones financieras, sino también otras responsabilidades morales. Incluía una amplia gama de deberes morales y sociales, como los que se tenían con los dioses, la familia y la comunidad. La hospitalidad (xenia), por ejemplo, era un deber sagrado y su incumplimiento podía considerarse una deuda moral. Del mismo modo, las obligaciones con los dioses, como los sacrificios y las ofrendas, se consideraban deudas que había que saldar para mantener el favor divino.

El Padrenuestro, escrito originalmente en griego koiné, ilustra este concepto al utilizar el término «ὀφειλήματα» (deudas) para incluir tanto obligaciones financieras como morales. En este contexto, la deuda trasciende los meros asuntos financieros para abarcar nuestro bienestar moral y espiritual. Esta oración nos invita a reunir el valor necesario para superar los errores de los demás reconociendo nuestras propias carencias. Es una forma de liberarnos de las cargas del pasado y de los resentimientos que nos atenazan. Sirve como testimonio del poder del trauma sobre nuestra mente y como práctica destinada a reducir la influencia de nuestros resentimientos en nuestra capacidad para tomar decisiones eficaces.

Para ilustrar este concepto, Jesús cuenta la parábola del siervo que no perdona en Mateo 18:23-35. En ella, el siervo al que se le perdona se convierte en un malhechor. En ella, un siervo al que se le perdona una gran deuda se niega a perdonar una deuda menor que tiene con él. Esta parábola resume el principio del perdón y la obligación moral de perdonar a los demás como nosotros hemos sido perdonados. Al pedir perdón por las deudas y perdonar a los deudores, reconocemos la naturaleza recíproca del perdón y el imperativo moral de mostrar misericordia a los demás. Este principio sugiere que la falta de perdón genera un karma negativo en nuestras vidas que puede superarse perdonando a los demás. Al modificar nuestra visión de nosotros mismos y de los demás, podemos superar las limitaciones impuestas por traumas pasados y cultivar una vida plena y en paz.

Además, la perspectiva cristiana del perdón, que afirma que nuestra incapacidad para perdonarnos a nosotros mismos y a los demás puede afectar a nuestros resultados, es aplicable a otras perspectivas. Aferrarnos al resentimiento y a un sentimiento de injusticia puede consumirnos de ira y llevarnos a actuar de forma que ponga en peligro nuestro futuro y nuestro potencial. Las investigaciones sugieren que las personas que se aferran a recuerdos de injusticias y acciones negativas de otros suelen tener dificultades para pensar con claridad y tomar decisiones acertadas (Skolnick et al., 2023). Esta confusión emocional puede crear un ciclo en el que la ira alimenta la depresión y lleva a la procrastinación (Maynard et al., 2022; Skolnick et al., 2023).

Esta antigua sabiduría es cierta cuando reconocemos que está arraigada en la comprensión de que nuestro destino está entrelazado con nuestros mayores retos kármicos. Aunque el libre albedrío suele asociarse con la capacidad de tomar decisiones, en un contexto espiritual se entiende más exactamente como la capacidad de comprender y aceptar la ley divina. En este contexto, el perdón emerge como una virtud crítica que precede a la aceptación y surge de una comprensión profunda de los orígenes espirituales de nuestro sufrimiento. Al reconocer la influencia de los demás en nuestro sufrimiento, adquirimos simultáneamente una mayor conciencia de nuestras propias contribuciones.

Además, cuando nos damos cuenta de que las personas que han ejercido una profunda influencia en nuestras vidas están conectadas con nuestros deseos personales, podemos empezar a entender nuestro camino con mayor claridad. Por ejemplo, mi familia influyó negativamente en mi autoestima y confianza, lo que dificultó mi capacidad para crear un trabajo acorde con mis sueños y creatividad. Los profesores dudaban de mi talento e independencia y afirmaban que estaba equivocada porque no estaban de acuerdo conmigo. Varios psicólogos, psiquiatras y figuras religiosas que conocí cuestionaron mi integridad moral y mis intenciones por sus opiniones negativas sobre mis procesos de pensamiento. Además, personas de varios países cuestionaron el valor de mi existencia por racismo, prejuicios y su propio sentido de la justicia. Juzgaron negativamente mi estilo de vida y mi profesión. Si hubiera sucumbido a estas energías negativas, no estaría escribiendo este libro ni viviendo la vida que siempre he deseado.

Los estudios demuestran que la devaluación externa puede influir significativamente en la autopercepción y el razonamiento moral de una persona (Kaygusuz et al., 2023; Mróz et al., 2024). Otras investigaciones sugieren que las experiencias de discriminación pueden provocar sentimientos de resentimiento y rabia que obstaculizan el crecimiento personal (DeMarco, 2024; Kaygusuz et al., 2023). En otras palabras, aunque predeterminado al nacer, mi camino hasta convertirme en escritora estuvo guiado por lecciones kármicas que tuve que aprender. Ignorar esas lecciones habría provocado resentimiento, sufrimiento y, en última instancia, el fracaso en la consecución de mis sueños.

En resumen, el resentimiento puede ser un obstáculo para el crecimiento personal y la realización de los sueños.

Capítulo 15: Educación Espiritual y Lecciones Kármicas

Nuestros deseos más profundos están inextricablemente ligados al destino de nuestra alma, lo que explica por qué, cuanto más sufrimiento soportamos, más probabilidades tenemos de soñar con nuestro verdadero destino. La vida no ofrece otra opción que completar un ciclo de karma, que conlleva una educación espiritual a través de sus lecciones. Como nuestra existencia en la Tierra es breve, estas lecciones pueden parecer repetitivas. En mi caso, por ejemplo, tuve que aprender a quererme y a confiar en mí misma, y también tuve que liberarme de las restricciones impuestas por las normas sociales antes de alcanzar el éxito como escritora.

Aunque a menudo asociamos el karma con el pecado y el castigo, es más preciso considerarlo como una lección autoimpuesta. Creamos nuestro propio karma a través de malentendidos. Por lo tanto, el autoconocimiento y el perdón son esenciales para romper las cadenas mentales que nos atan a nuestras experiencias pasadas. Debemos trascender el sufrimiento que soportamos para crear una vida mejor, acorde con nuestras aspiraciones. Sin esta capacidad, caemos en la autocompasión y la autojustificación, lo que permite que el pasado dicte nuestra existencia en la Tierra y, posiblemente, en futuras reencarnaciones.

Aunque podemos especular sobre las causas de la pérdida de autoestima, discernimiento y miedo al ostracismo, cuanto mayor sea nuestro potencial, más probabilidades tendremos de enfrentarnos a estos retos. Así, reconocemos que todos nos enfrentamos a retos similares en distintos niveles espirituales. Por ejemplo, escribir un libro es una tarea aparentemente insuperable y desafiante para alguien con un nivel cognitivo y espiritual muy bajo, incluso si esa persona se dedica toda la vida a ello, en comparación con alguien con un nivel de conciencia más elevado. Así, compararse con los demás en este y otros asuntos crea obstáculos innecesarios y una sensación de inadecuación.

Para las personas con un nivel espiritual más bajo, preparar una comida nutritiva y practicar la caridad puede ser más eficaz para acumular karma positivo. Varios textos religiosos destacan la importancia de la caridad para ganarse el favor de Dios. En el Mahabharata se afirma, por ejemplo, que «la caridad dada por deber, sin esperar nada a cambio, en el momento y lugar apropiados, y a una persona digna, se considera bondad». Del mismo modo, la sura Al-Baqarah 2:274 dice: «Quienes gastan su riqueza en el camino de Alá y no la utilizan para llamar la atención sobre su generosidad o causar daño, su recompensa está con su

Señor». Proverbios 19:17 dice: «Quien es bondadoso con el pobre presta al Señor, y Él le recompensará por sus obras».

Cuando nos encontramos con personas que encarnan nuestras cualidades deseadas, podemos enfrentarnos a importantes desafíos que se manifiestan en sus imperfecciones, ya sea porque albergan envidia o porque no toleran perspectivas diferentes. Esta intolerancia proviene de su visión narcisista y egoísta de sí mismos. En este contexto, sin embargo, se nos recuerda la importancia de ver las deficiencias en los demás como las vemos en nosotros mismos y reconocer que podemos discernir las buenas cualidades de las imperfecciones, del mismo modo que nos mejoramos a nosotros mismos a pesar de nuestras propias imperfecciones.

«Perdona nuestras imperfecciones como nosotros perdonamos las imperfecciones de los demás» sería una forma adecuada de parafrasear el concepto de deuda espiritual presente en la oración cristiana original. Otra forma de expresarlo sería «Perdónanos nuestras limitaciones espirituales mientras reconocemos las limitaciones espirituales de los demás», lo que nos sitúa en el mismo nivel espiritual que los demás, en lugar de en una jerarquía social. Es una forma de evitar buscar la perfección en los demás, incluso cuando nos perfeccionamos a nosotros mismos, a pesar de las cosas que nos avergüenzan.

Esta actitud cultiva la humildad y el valor de perseverar a pesar del sufrimiento infligido por los demás, que puede obstaculizar nuestra motivación para vivir una vida más plena. En este sentido, la forma más profunda de venganza es perseverar a pesar de los obstáculos que nos ponen en el camino y de la determinación de los demás por suprimir la expresión de nuestra autenticidad espiritual. Aunque tiene sentido asociar nuestros logros a los retos impuestos por quienes han intentado impedir nuestro progreso, la relevancia del impacto de sus acciones solo es relativa a nuestra determinación de triunfar.

La autoridad social, una representación del karma que las personas que encontramos en nuestro camino espiritual han traído sobre sí en busca de validación social, es el mismo karma con el que llegamos al nacer a una realidad diseñada para suprimir la autenticidad espiritual. Es aquí, en la Tierra, donde libramos la verdadera batalla entre el mal, representado por la autoridad, y el bien, asociado a nuestra chispa divina, que nos impulsa a buscar una vida mejor y a sentirnos realizados espiritualmente.

En resumen, nuestros deseos más profundos están inextricablemente ligados al propósito de nuestra alma y el sufrimiento puede catalizar sueños relacionados con nuestro verdadero destino. El karma, como un maestro cósmico, nos conduce suavemente a la redención a través del perdón y el crecimiento espiritual.

Capítulo 16: Cultivar la Confianza en Uno Mismo a Través de la Independencia

Cuando no reconocemos las influencias negativas de nuestra educación y nuestra tendencia a obedecer ciegamente a las figuras de autoridad, nos fallamos a nosotros mismos. Tratar de entender el mundo y nuestro lugar en él fomenta la confianza en uno mismo. Sin embargo, además de conocimiento y sabiduría, debemos aprender a discernir las creencias que nos potencian de las que nos limitan.

Querernos a nosotros mismos, ser sabios y establecer límites claros nos ayuda a rodearnos de personas que nos apoyan, nos animan y nos fortalecen a medida que crecemos y nos hacemos más autosuficientes. La confianza en uno mismo es la base de una confianza inquebrantable. Mientras que la envidia y la competencia pueden llevar a otros a recurrir al engaño y obstaculizar nuestro progreso, la evolución espiritual requiere romper los ciclos kármicos negativos. Esto se puede conseguir mediante el autoperdón y el crecimiento personal. Para fomentar sentimientos de suficiencia, competencia y confianza, es importante desarrollar hábitos que nos llenen de estas emociones.

A veces, dedicarse a un hobby o jugar a videojuegos puede ser beneficioso. La participación en aficiones y videojuegos se ha asociado a efectos positivos sobre la salud mental y el bienestar. Por ejemplo, un estudio de Granic, Lobel y Engels (2014) descubrió que los videojuegos pueden satisfacer necesidades psicológicas básicas como la competencia, la autonomía y el apego. El estudio sugiere que los videojuegos pueden proporcionar una sensación de plenitud, esencial para la felicidad general y la salud mental.

Además, pocas herramientas son tan poderosas como la visualización en la búsqueda del crecimiento y la realización personales. Aprovechando el inmenso potencial de nuestra mente, podemos trascender las limitaciones de nuestras circunstancias actuales y crear nuestro propio destino. Nuestros pensamientos y creencias conforman nuestra realidad y las imágenes mentales que tenemos influyen significativamente en nuestras acciones, emociones y, en última instancia, en los resultados que experimentamos. Cuando nos visualizamos alcanzando nuestros objetivos con intensidad, activamos vías neuronales que preparan nuestro cerebro para el éxito.

La visualización no solo aumenta nuestra confianza y motivación, sino que también nos ayuda a identificar y superar posibles obstáculos. Al crear una imagen mental clara y detallada de nuestros objetivos, despertamos la creatividad y la capacidad de resolución de problemas de nuestro subconsciente. Este proceso nos permite anticiparnos a los retos, desarrollar estrategias eficaces y cultivar las habilidades y recursos necesarios para hacer realidad nuestros sueños.

Para aprovechar plenamente el poder de la visualización, debemos abordarla con intención y constancia. Dedica unos minutos al día a visualizar vívidamente tus objetivos e incluye detalles sensoriales y experiencias emocionales. Prueba con distintas técnicas: crea un tablero de visiones, escribe descripciones detalladas de tu futuro deseado o participa en meditaciones guiadas. Descubre qué funciona mejor para ti. Con un compromiso inquebrantable y un profundo conocimiento de tus motivaciones, puedes manifestar la visión de lo que siempre has deseado.

Cuando se utiliza colectivamente, esta poderosa herramienta tiene el potencial de catalizar un cambio positivo en la sociedad. Al animar a otros a visualizar un mundo más justo, equitativo y sostenible, podemos inspirar la acción colectiva y promover la concienciación necesaria para abordar los retos urgentes. Imaginemos un mundo en el que los líderes, los responsables políticos y los ciudadanos utilicen la visualización para imaginar un futuro de paz, prosperidad y protección del medio ambiente.

Alineando nuestras visiones individuales y colectivas, podemos aprovechar el potencial sinérgico de nuestras aspiraciones compartidas para superar incluso los obstáculos más formidables. Sin embargo, para ello es necesario navegar por la tensión entre los deseos de nuestra alma y las racionalizaciones de nuestro ego.

Impulsado por el miedo y la autoconservación, el ego se aferra a lo conocido y se resiste al cambio, mientras que el alma anhela crecer y nos empuja a alcanzar nuestro máximo potencial.

Reconocer y trascender las tácticas manipuladoras del ego, como la duda sobre uno mismo y la atracción por la gratificación instantánea, es crucial para liberar nuestro verdadero poder. Una mentalidad fija percibe los talentos como innatos e inmutables. Sin embargo, al replantear los pensamientos negativos, practicar la gratitud y visualizar el éxito, es posible cultivar un estado de ánimo más constructivo y fortalecedor.

En resumen, la confianza en uno mismo, fomentada por el amor propio, la sabiduría y el establecimiento de límites, es fundamental para construirla y romper los ciclos kármicos negativos. Dedicarse a aficiones, practicar la visualización y cultivar hábitos mentales positivos puede ayudarnos a alcanzar nuestros objetivos y hacer realidad nuestros deseos. Además, la visualización colectiva tiene el poder de inspirar el cambio social y construir un mundo más justo, equitativo y sostenible.

Capítulo 17: El Dominio Emocional y la Búsqueda de los Sueños

Nuestra comprensión e interpretación del mundo es inherentemente subjetiva, ya que la información la filtramos a través de nuestras estructuras de conocimiento y patrones emocionales moldeados por experiencias pasadas. Si reconocemos esta complejidad y tratamos de comprender las distintas perspectivas activamente, podremos afrontar los retos de la vida con mayor empatía y perspicacia. Al abrirnos a lo desconocido con una mente abierta y pasión por aprender, accedemos a nuevas dimensiones de crecimiento personal.

La mente y el corazón están inextricablemente unidos y se influyen mutuamente, por lo que, al aprender a comprender y regular nuestras emociones, adquirimos el poder de tomar decisiones acordes con nuestros valores fundamentales y nuestras aspiraciones a largo plazo. Identificar y etiquetar nuestras emociones con precisión es un paso esencial para desarrollar el autocontrol emocional. Además, al explorar nuestro paisaje emocional, desarrollamos una mayor resiliencia y establecemos conexiones más significativas con los demás. Esto nos permite aumentar la productividad al centrar nuestra energía en lo que realmente importa.

El dominio emocional también aumenta nuestra capacidad para gestionar el estrés y evitar el agotamiento. Al reconocer y atender nuestras necesidades emocionales, reducimos los sentimientos de opresión y mantenemos el equilibrio y el bienestar esenciales para un rendimiento sostenido. Establecer hábitos y rutinas diarias que favorezcan nuestro bienestar general es fundamental para conseguirlo. Acciones aparentemente insignificantes, como hacer ejercicio con regularidad, comer de forma consciente y meditar con constancia, son fundamentales para el éxito en todos los demás aspectos de la vida.

Al gestionar nuestras emociones con conciencia y compasión, aprovechamos nuestra resiliencia y creatividad. En un mundo que a menudo valora la lógica y la racionalidad por encima de la inteligencia emocional, cultivar el dominio emocional actúa como un contrapeso importante. Al alinear la sabiduría del corazón con la claridad de la mente, logramos una comprensión más profunda que nos permite tomar decisiones más acertadas.

Las emociones pueden gestionarse mediante acciones intencionadas que, en última instancia, están influidas por nuestras creencias. Al elegir conscientemente una mentalidad positiva, optimista, creamos oportunidades para la felicidad y el éxito. Esta influencia determinista da forma a nuestras experiencias y nos conduce a una conciencia más elevada. A pesar de las barreras que podemos encontrar en el camino para comprenderlo, la humildad para reconocer estas limitaciones nos permite acercarnos a lo desconocido con asombro y apertura, en lugar de aferrarnos a nociones preconcebidas que pueden frenar nuestro crecimiento.

Esta humildad es esencial para la realización de nuestros sueños, ya que, cuando se combinan con experiencias emocionales intensas, los sueños tienen una energía que trasciende los límites del pensamiento lógico. Los sueños no son meros reflejos pasivos de nuestro subconsciente, sino catalizadores de cambios transformadores. Los sueños alimentados por la pasión y la intensidad emocional pueden servir como poderosos canales de autorrealización, empujándonos más allá de nuestras zonas de confort y revelando nuevas dimensiones de nuestra existencia que antes estaban ocultas a nuestra conciencia.

Al abrazar el poder transformador de los sueños, podemos explorar nuestra conciencia más profundamente y comprender la existencia desde distintas perspectivas. En este reino, el mundo físico tangible se convierte en una interpretación subjetiva de una realidad espiritual más amplia. Al trascender a lo desconocido, nos encontramos con una manifestación más vívida de las fuerzas benévolas y malévolas que dan forma a nuestras vidas y nos desafían a afrontarlas con mayor conciencia. Esta mayor conciencia nos permite trascender las limitaciones del tiempo y el espacio, y comprender la interconexión de todas las cosas.

Para quienes aceptan esta perspectiva, las distinciones entre pasado, presente y futuro se vuelven inexistentes, y las construcciones que guían nuestra existencia se convierten en portales hacia nuevos reinos de comprensión. Al percibir el tiempo como un flujo continuo en lugar de una secuencia rígida, se pueden alcanzar percepciones que antes parecían inalcanzables. Este cambio de perspectiva nos invita a ver nuestras experiencias no como acontecimientos aislados, sino como hilos entrelazados en el tejido de nuestras vidas. Esta interconexión fomenta un sentido de unidad y propósito, y nos permite ver los patrones más amplios que influyen en nuestro viaje. Al reconocer estos patrones, adquirimos la capacidad de navegar por las complejidades de la vida con mayor facilidad y claridad.

En resumen, el dominio emocional, que se consigue a través de la autoconciencia y la acción decidida, es fundamental para el crecimiento personal y el éxito. Al alinear emociones, valores y sueños, es posible dar rienda suelta a la creatividad, la resiliencia y una comprensión más profunda del mundo. Esta mayor conciencia trasciende el tiempo y el espacio, revelando la interconexión y la unidad de todas las cosas.

Capítulo 18: Superar el Ego y Aceptar la Verdad

Todos los aspectos de nuestra vida reflejan nuestro yo interior. El mundo exterior que percibimos no es una realidad fija, sino una combinación de acuerdos, pensamientos y creencias colectivos. Por lo tanto, para promover un cambio duradero, es necesario comprometerse plenamente con la transformación personal. Aceptar lo desconocido y el potencial de un futuro hipotético es fundamental para este proceso. Muchas empresas de éxito han surgido de contratiempos que otros dejaron pasar, precisamente porque individuos en posiciones de liderazgo se atrevieron a recorrer caminos poco convencionales y a desafiar la sabiduría convencional.

Sin embargo, la mente humana, a menudo limitada por su percepción lineal del tiempo y la secuencia, tiene dificultades para comprender plenamente la naturaleza multidimensional de la realidad. Esta limitación puede conducir a una perspectiva estrecha que atrapa a las personas en un ciclo de autocomplacencia e impide que vean su verdadero potencial. Para superarla, es necesario un cambio fundamental de mentalidad, pasando de una visión de escasez a una mentalidad de abundancia.

En lugar de paralizarnos por la duda y la creencia de que los recursos son finitos, debemos reconocer el potencial ilimitado que hay en nosotros mismos y en el universo, que nos inspira a actuar con valentía y creatividad. Debemos estar abiertos a dejar atrás formas de pensar anticuadas y aceptar nuevas perspectivas a medida que nos desprendemos de las limitaciones del pasado y abrazamos el potencial ilimitado del momento presente.

Ante la incertidumbre, descubrimos oportunidades para evolucionar y la posibilidad de alcanzar todo nuestro potencial. Al enfrentarnos a nuestros miedos, inseguridades y sombras, desvelamos las claves de la transformación personal. Es en el crisol de la incomodidad donde construimos resiliencia y claridad para trascender nuestras limitaciones. Además, a medida que ampliamos nuestra comprensión del propósito de la vida, las preguntas pierden relevancia. Al aceptar el misterio y la grandeza de la existencia, alcanzamos la verdadera libertad para crear, amar y vivir con autenticidad.

Esta actitud va más allá de una perspectiva positiva; es una creencia profunda en la benevolencia inherente del universo y en la sincronicidad divina de nuestros sueños y aspiraciones. Encarna la comprensión de que, a medida que nuestra existencia trasciende el reino físico y continúa su viaje más allá de este mundo, no somos simples productos de nuestras circunstancias, sino recipientes de la chispa divina que anima el universo.

La ignorancia de las verdades históricas y trascendentes no exime de nuestras responsabilidades espirituales. Los acontecimientos históricos demuestran que la humanidad se ha enfrentado a menudo a sus miedos más profundos, a pesar de los intentos de ignorarlos o reprimirlos. Sin embargo, el silencio de muchos sobre estos ciclos solo perpetúa la confusión y el conflicto. La verdadera ceguera es un estado en el que las personas no pueden ver más allá de sus creencias y suposiciones profundamente arraigadas.

Esta percepción limitada obstaculiza el crecimiento espiritual y mantiene a las personas atrapadas en ciclos de ignorancia y repetición de los mismos errores. De hecho, muchas personas se apegan tanto a su ego que no tienen en cuenta la verdad y desean secretamente el fracaso, la desgracia o incluso la muerte de aquellos a los que condenan al ostracismo para validarse a sí mismos. Esta mentalidad impulsada por el ego crea un entorno que impide la autenticidad espiritual y el progreso en nuestro planeta.

Podemos verlo a nuestro alrededor, ya que comunicar verdades profundas a alguien obsesionado con creencias personales y dogmas puede ser un reto, ya que pueden rechazar o socavar los esfuerzos de quienes intentan iluminarles. Estas personas rara vez cambian y, si se ven obligadas a coexistir con alguien más sabio, pueden recurrir a la calumnia e intentar desterrar a esa persona de su entorno. Esto puede implicar medidas extremas, como el encarcelamiento o incluso el asesinato. Esta resistencia al crecimiento y al cambio suele tener su origen en miedos e inseguridades profundamente arraigados. Sin embargo, a pesar de los muchos intereses en juego, el destino es una cuestión de autodeterminación y no hay karma sin consentimiento y propósito. Así pues, para perseguir nuestros sueños no basta con tener una visión y conocer cómo alcanzarlos, también hay que tener el valor de actuar en consecuencia.

Solo los necios, llevados por la ignorancia, suelen sacar conclusiones poco realistas de lo que no comprenden para justificar su existencia. La sabiduría reside en la humildad y en reconocer las propias limitaciones sin sucumbir a ellas. Las verdades indiscutibles siguen siendo indescriptibles a menos que ampliemos nuestra conciencia. Sin embargo, la educación a veces puede inducirnos a creer en falsas verdades y desviar nuestra atención hacia el caos. Por eso, muchas personas se aferran a falsos patrones de supervivencia que distan mucho de la verdad. Estos patrones, que a menudo son incuestionables, impiden el crecimiento y la verdadera comprensión.

En resumen, la transformación personal implica cultivar una mentalidad de abundancia, afrontar nuestros miedos y desechar creencias obsoletas que ya no nos sirven. Al expandir nuestra conciencia y buscar la verdad más allá de las normas sociales, podemos liberarnos de patrones limitantes y descubrir nuestro auténtico yo y nuestro verdadero propósito.

Capítulo 19: El Propósito Universal

Todos formamos parte del mismo propósito universal, y avanzamos hacia él de diferentes maneras. Este propósito se nutre de emociones positivas y amorosas y, en última instancia, nos conduce a la iluminación a través del autoconocimiento y de las acciones responsables que emprendemos a lo largo del camino. Aunque buscamos constantemente esta verdad sin darnos cuenta del todo, si la tuviéramos dentro, nuestros dilemas parecerían meras ilusiones. Por lo tanto, es más sensato centrarse en nuestros objetivos, sin preocuparse de cómo alcanzarlos. A menudo, los logros notables en la vida llegan de forma inesperada y desafían la lógica convencional.

A menudo nos aferramos a lo que percibimos como nuestro y nos definimos por ello, pero juzgarnos a nosotros mismos y a los demás basándonos en suposiciones arraigadas en instintos primitivos y moldeadas por experiencias pasadas limita nuestro potencial como seres humanos y disminuye el valor de nuestras experiencias vitales. Cuando las ilusiones quedan al descubierto, la mente inmadura y dogmática suele recurrir al escepticismo. Del mismo modo que el amor parece irreal para quien nunca lo ha experimentado, la confianza carece de sentido para quien solo ha conocido la traición, y la luz de la verdad no logra encantar a quien está fascinado por la oscuridad de sus pensamientos.

Para muchos, el autoengaño reconfortante es todo lo que tienen, y el significado que le atribuyen es todo lo que pueden comprender. Las personas existen en diferentes niveles de conciencia que se manifiestan en sus acciones, pensamientos, habla, emociones, reacciones y deseos. Sin embargo, para crecer más allá de un determinado nivel espiritual, debemos comprometernos a estudiar, desarrollar, aplicar y lograr resultados tangibles que amplíen nuestra conciencia de la vida. Especialmente en tiempos difíciles, es crucial redoblar los esfuerzos para estudiar y trabajar con diligencia.

Aunque muchas personas creen tener una comprensión completa de la realidad, una investigación más profunda revela creencias arraigadas en el ego e ilusiones colectivas, formadas por creencias y percepciones compartidas que no se cuestionan. Esta ilusión colectiva solo es objetiva cuando se acepta universalmente. No resiste la prueba del tiempo. Sin embargo, una mentira colectiva puede sostener una realidad durante cierto tiempo, desafiando la lógica y el sentido común, como hemos visto a lo largo de la historia de la humanidad.

El secreto más profundo que se oculta al público es también el más obvio: las creencias conforman nuestra realidad. Cuando no actuamos conscientemente debido a nuestras creencias, sucumbimos a la realidad impuesta por otros. Al negarse a reconocer la realidad que se les impone y buscar un significado más profundo en delirios colectivos, las personas confían en la suerte para obtener resultados y esperan que las cosas sucedan por casualidad. Se entregan por completo a esta realidad, confundiéndola con un orden divino.

En medio de estos individuos, la verdadera brillantez de una persona de éxito se manifiesta en su forma de entender la vida. Lo que algunos perciben como genialidad o suerte es, en realidad, el resultado de un esfuerzo persistente, una reflexión profunda y la sabiduría convencional. Su dedicación a la investigación y al aprendizaje en profundidad los distingue del resto. Al reconocer la naturaleza cíclica de la experiencia humana y la importancia de la humildad, trascienden las percepciones limitadas y contribuyen a la evolución colectiva de la humanidad. Mediante un compromiso inquebrantable, la introspección y el valor de desafiar las normas convencionales, nosotros también podemos construir una vida con un propósito y un impacto duraderos.

Al cultivar una conciencia más elevada y cuestionar las suposiciones que aceptamos como verdades, permitimos que surjan resultados impredecibles. Pueden surgir dudas e incertidumbres en el camino, pero si perseveramos, construiremos resiliencia y fuerza para superar los obstáculos y alcanzar nuestras metas. Sin embargo, para liberarnos de los ciclos negativos, debemos reconocer nuestras limitaciones e imperfecciones, así como las de los demás. El perdón, la confianza y el dominio emocional pueden impulsarnos hacia delante y ayudarnos a superar obstáculos que antes parecían insuperables.

Al afrontar los patrones de pensamiento negativos y actuar con decisión, podemos acallar gradualmente la voz de la duda y cultivar la confianza en nosotros mismos. Este compromiso con el aprendizaje, unido a la humildad, nos permite superar las limitaciones y alcanzar el éxito en todos los ámbitos.

En resumen, la humanidad está en camino hacia la iluminación, guiada por un propósito universal que exige autoconocimiento y acción responsable. Mientras algunos se aferran al autoengaño y a la ilusión colectiva, otros trascienden estas limitaciones y buscan una conciencia más elevada. Al desafiar las normas sociales y dedicarse a la introspección, estos individuos se liberan de los ciclos negativos y alcanzan una conciencia que les conduce al éxito. Estas son las personas que la humanidad necesita para evolucionar y alcanzar niveles altos, limitados solo por su imaginación.

Capítulo 20: Dominar el Arte de la Productividad

A continuación se enumeran los 10 principios clave que resumen las enseñanzas sobre cómo superar la procrastinación. Al incorporarlos a tu vida diaria, aumentarás significativamente tu productividad y alcanzarás tus objetivos con mayor eficacia.

1. Alinea tus acciones con tus valores fundamentales: la verdadera motivación proviene de vivir alineado con tus valores fundamentales y tus sueños. Cuando tus objetivos están alineados con tus creencias, sentirás naturalmente el impulso de alcanzarlos.

2. Es esencial cultivar un sentido de autonomía y control sobre tu vida. La autonomía impulsa la motivación, mientras que el dominio implica un proceso continuo de crecimiento y aprendizaje. Juntos, la autonomía y el dominio crean una fuerza poderosa para el desarrollo personal.

3. Divide las tareas en pasos manejables: las tareas grandes pueden parecer abrumadoras y llevar a la procrastinación. Al dividirlas en

pasos más pequeños y alcanzables, puedes crear impulso y hacer que el progreso sea más factible.

4. Crea un entorno propicio: rodéate de personas que te apoyen y mantén tu espacio de trabajo libre de distracciones. Un entorno de apoyo aumenta la concentración y la motivación, y prepara el terreno para el éxito.

5. Manténgase centrado: establezca plazos y priorice las tareas. Utilícelos con eficacia: en lugar de verlos como una fuente de estrés, utilícelos para crear urgencia y priorizar las tareas. Si se abordan con la mentalidad adecuada, los plazos pueden convertirse en poderosos motivadores.

6. Controle sus emociones: La regulación emocional es fundamental para la productividad. Le ayuda a tomar decisiones inteligentes y a mantener la motivación, incluso en situaciones difíciles.

7. La procrastinación suele estar causada por la duda y los pensamientos negativos. Desafíe activamente estos pensamientos y sustitúyalos por afirmaciones sobre sus habilidades y puntos fuertes para aumentar la confianza.

8. Celebre las pequeñas victorias: reconozca y celebre los pequeños triunfos a lo largo del camino. Esto aumenta la confianza y refuerza el comportamiento positivo, creando un ciclo de recompensas que anima a seguir adelante.

9. Visualización: consiste en ensayar mentalmente los resultados deseados y los pasos necesarios para conseguirlos. Esta poderosa

técnica puede aumentar la motivación y prepararte para el éxito, ya que prepara tu mente para las tareas que tienes por delante.

10. Perdona y sigue adelante: practica el autoperdón y acepta que tú y los demás sois imperfectos. Al liberarte de los ciclos y patrones de pensamiento negativos, podrás liberar todo tu potencial y crecer como persona.

Además de estos principios, el libro hace hincapié en un amplio conjunto de habilidades que pueden aumentar significativamente la productividad y ayudar a superar la procrastinación cuando se desarrollan y practican.

Introspección: comprender las motivaciones personales, los desencadenantes y los patrones de procrastinación.

Regulación: gestión eficaz de las emociones para mantener la motivación, la productividad y la resiliencia.

Planificación: establecimiento de objetivos claros, específicos, alcanzables, pertinentes y sujetos a plazos para proporcionar dirección y propósito.

Priorización: aplicar técnicas y herramientas de productividad para mejorar la gestión del tiempo y centrarse en las tareas prioritarias.

Disciplina: cultivar hábitos y rutinas coherentes que apoyen los objetivos a largo plazo y fomenten el autocontrol.

Visualización: imaginar los resultados deseados y los pasos necesarios para conseguirlos, lo que aumenta la motivación y la preparación.

Flexibilidad: aprender de los contratiempos y ajustar las estrategias según sea necesario para superar los retos.

Optimismo: mantener una actitud positiva, practicar la autocompasión y reconsiderar los pensamientos negativos para mantener una perspectiva positiva.

Comunicación: desarrollar y mantener relaciones de apoyo que proporcionen motivación, responsabilidad y ánimo.

Concentración: tomar conciencia del momento presente y reflexionar para aumentar la concentración, la claridad y el bienestar emocional.

Al dominar estos principios y habilidades, estará bien equipado para superar la procrastinación y alcanzar sus metas con mayor eficiencia y satisfacción.

Capítulo 21: Diez Preguntas Diarias para Motivarse y Ser Disciplinado

A continuación se muestran diez preguntas diarias para ayudarle a mantenerse motivado, disciplinado y libre de procrastinación, basadas en los principios de este libro.

1. ¿Están tus acciones actuales alineadas con tus valores fundamentales y tus objetivos a largo plazo? Reflexionar sobre esta pregunta garantiza que tus actividades diarias estén alineadas con lo que es realmente importante para ti, lo que fomenta la motivación intrínseca.

2. ¿Está tomando medidas hoy para cultivar su sentido de autonomía y dominio? Plantéate si participas en actividades potenciadoras que promueven tu crecimiento personal, lo cual es esencial para mantener la motivación.

3. ¿Ha dividido sus tareas en pasos manejables? Evalúa si has dividido los proyectos más grandes en tareas más pequeñas y

manejables, de modo que evites la sensación de sobrecarga y aumentes tu productividad.

4. ¿Tu entorno de trabajo es favorable y productivo? Evalúa si el entorno, incluidas las personas con las que interactúas, favorece tu concentración y motivación o, por el contrario, las dificulta.

5. ¿Utilizas los plazos de forma eficaz para crear urgencia y priorizar tus tareas? Reflexiona sobre cómo percibes los plazos: ¿te causan estrés o te sirven de motivación? Ajusta tu mentalidad en consecuencia.

6. ¿Cómo gestiona actualmente sus emociones? Considera si controlas tus reacciones emocionales y si estas ayudan o dificultan tu productividad.

7. ¿Qué pensamientos negativos tiene y cómo puede combatirlos? Identifique cualquier duda o pensamiento negativo y sustitúyalo activamente por afirmaciones que refuercen sus puntos fuertes.

8. ¿Has celebrado hoy alguna pequeña victoria? Reconoce tus logros, por pequeños que sean, para aumentar la confianza y crear un bucle de retroalimentación positiva que te anime a seguir adelante.

9. ¿Utiliza técnicas de visualización para preparar sus tareas? Piénselo: puede que le resulte útil ensayar mentalmente los resultados deseados y los pasos necesarios para conseguirlos, ya que esto puede aumentar su motivación.

10. ¿Ha practicado hoy la superación personal? Pregúntate si estás dejando atrás los errores e imperfecciones del pasado, lo cual

es esencial para el crecimiento personal y para alcanzar todo tu potencial.

Hacerse estas preguntas con regularidad puede ayudarle a mantenerse centrado en sus objetivos, aumentar su productividad y superar eficazmente la procrastinación. Esta práctica fomenta la autorreflexión y los cambios proactivos en los hábitos diarios, lo que en última instancia conduce a un mayor éxito y realización en la vida personal y profesional.

Glosario

Anticipación: funciona como un potente motivador y potenciador del rendimiento, similar a tener una hoja de ruta mental que garantiza la realización eficaz de las tareas.

Autocontrol: capacidad para regular los impulsos, las emociones y el comportamiento. Es fundamental para el crecimiento personal y la consecución de objetivos.

Dominio emocional: implica comprender y gestionar las emociones propias. Esto facilita la toma de decisiones informadas, aumenta la productividad y contribuye al bienestar general.

Gamificación: convierte las tareas ordinarias en juegos atractivos, utilizando recompensas y retos para mantener la motivación y el compromiso.

Bucle de recompensa: patrón de comportamiento que determina nuestras acciones. El refuerzo positivo, mediante recompensas, nos anima a repetirlo. Este principio sustenta la eficacia de la gamificación y otras estrategias de motivación.

Mentalidad de crecimiento: la creencia de que las habilidades pueden desarrollarse mediante el esfuerzo y la dedicación. Esta mentalidad es una herramienta muy poderosa para superar obstáculos y alcanzar objetivos.

Micropasos: son acciones pequeñas y constantes que generan impulso y reducen la sensación de agobio asociada a las grandes tareas.

Impulso: similar a una piedra que rueda cuesta abajo, impulsa a las personas hacia adelante con cada acción exitosa y decidida.

Motivación: Impulsa a las personas a actuar y completar tareas. Se deriva de diversos factores, como los valores personales, los objetivos, los estados emocionales y las influencias externas. Entender y alinear las acciones con estos factores motivacionales es fundamental para superar la procrastinación y alcanzar los objetivos.

Plazos: Actúan como limitaciones temporales, centran la atención y guían el progreso. Crean una sensación de urgencia y nos ayudan a establecer prioridades.

Procrastinación: Consiste en posponer o evitar una tarea o responsabilidad. Suele ser el resultado de una falta de motivación, autocontrol o una gestión ineficaz del tiempo. Para combatirla eficazmente, es importante identificar y abordar sus causas subyacentes.

Productividad con propósito: Consiste en completar las tareas y hábitos diarios de una manera que esté alineada con los valores y objetivos personales. Este sentido de propósito proporciona la motivación necesaria para perseverar y fomenta la sensación de realización personal.

Síndrome del impostor: Ocurre cuando los individuos, a pesar de la evidencia de sus capacidades, experimentan una sensación de inadecuación.

Visualización: Consiste en crear una imagen mental y ensayar los resultados deseados. Ayuda a desarrollar habilidades al crear una representación mental de lo que se quiere conseguir. La visualización es una herramienta muy eficaz para superar la procrastinación y alcanzar objetivos.

Referencias

Aafjes-Doorn, K., Garay, C., Etchebarne, I., Kamsteeg, C., & Rousso, A. (2020). Psychotherapy for personal growth: A multicultural and multitheoretical exploration. *Journal of Clinical Psychology*.

Abdel-Khalik, A., Adam, S., & Azeem, H. A. (2021). Developing strategies for overcoming challenges faced by postgraduate nursing students. *Journal of Advanced Nursing, 77*(12), 737–750.

Adrianson, L., Ancok, D., Ramdhani, N., & Archer, T. (2013). Cultural influences upon health, affect, self-esteem and impulsiveness: An Indonesian-Swedish comparison. *International Journal of Research Studies in Psychology, 2*(2), 25–44.

Al-Mansoori, R. S., Al-Thani, D., & Ali, R. (2023). Designing for digital wellbeing: From theory to practice a scoping review. *Human Behavior and Emerging Technologies*.

Aschieri, F., Emmerik, A. V., Wibbelink, C. J. M., & Kamphuis, J. (2023). A systematic research review of collaborative assessment methods. *Psychotherapy*.

Bandyopadhyay, N. (2016). The role of self-esteem, negative affect and normative influence in impulse buying. *Marketing Intelligence & Planning, 34*(4), 523–539.

Basabe, N., Harizmendi, M., Carrasco, J. J. P., Telletxea, S., Castro-Abril, P., & Padoan, S. (2021). Collective violence and construction of peace culture in the Basque Country: Two experiences of memory, recognition and forgiveness. *Deusto Journal of Human Rights.*

Bast, D., & Barnes-Holmes, D. (2015a). Priming thoughts of failing versus succeeding and performance on the implicit relational assessment procedure (IRAP) as a measure of self-forgiveness. *The Psychological Record, 65*(4), 667–678.

Bast, D., & Barnes-Holmes, D. (2015b). Priming thoughts of failing versus succeeding and performance on the implicit relational assessment procedure (IRAP) as a measure of self-forgiveness. *The Psychological Record, 65*(4), 667–678.

Bernal-Guerrero, A., Cárdenas-Gutiérrez, A. R., & Martín-Gutiérrez, Á. (2023). Systemic approach to entrepreneurial identity and its educational projection. *Philosophies.*

Blom, V., Richter, A., Hallsten, L., & Svedberg, P. (2015). The associations between job insecurity, depressive symptoms and burnout: The role of performance-based self-esteem. *Economic and Industrial Democracy, 39*(1), 48–63.

Brown, J. D. (2010). High self-esteem buffers negative feedback: Once more with feeling. *Cognition and Emotion, 24*(8), 1389–1404.

Bryngeirsdottir, H. S., & Halldórsdóttir, S. (2022a). Fourteen main obstacles on the journey to post-traumatic growth as experienced by female survivors of intimate partner violence: "It was all so confusing." *International Journal of Environmental Research and Public Health, 19*(1).

Bryngeirsdottir, H. S., & Halldórsdóttir, S. (2022b). "I'm a winner, not a victim": The facilitating factors of post-traumatic growth among women who have suffered intimate partner violence. *International Journal of Environmental Research and Public Health, 19*(1).

Buitrago, M. F., Jara, L. M. M., Pérez, N. D. V., & García, N. G. (2023). Adaptation strategies in students with motor functional diversity. *Investigación y Educación En Enfermería, 41*(1).

Burton, J. P., Mitchell, T., & Lee, T. W. (2005). The role of self-esteem and social influences in aggressive reactions to interactional injustice. *Journal of Business and Psychology, 20*(2), 131–170.

Calvo, V., & Bianco, F. (2015). Influence of adult attachment insecurities on parenting self-esteem: The mediating role of dyadic adjustment. *Frontiers in Psychology, 6.*

Cameron, J. J., Stinson, D. A., Hoplock, L., Hole, C., & Schellenberg, J. (2016). The robust self-esteem proxy: Impressions of self-esteem inform judgments of personality and social value. *Self and Identity, 15*(5), 561–578.

Cavallo, J. V., & Hirniak, A. (2019). No assistance desired: How perceptions of others' self-esteem affect support-seeking. *Social Psychological and Personality Science, 10*(2), 193–200.

Chavez, F. L. C., Wolford, S. N., Kimmes, J. G., May, R., & Fincham, F. (2019). "I had let everyone, including myself, down": Illuminating the self-forgiveness process among female college students. *Journal of College and Character, 20*(2), 123–143.

Ćirjaković, D. S. (2024). Words that heal – Bibliotherapy for children's emotional and social growth. *Detinjstvo.*

Cowden, R., & Worthington, E. (2019). Overcoming failure in sport: A self-forgiveness framework. *Journal of Human Sport and Exercise.*

Cunff, A.-L. L. (2019). Mindframing: A proposed framework for personal growth.

DeMarco, M. J. (2024). 6-Fold path to self-forgiveness: An interdisciplinary model for the treatment of moral injury with intervention strategies for clinicians. *Frontiers in Psychology, 15.*

Duru, E., Balkıs, M., & Duru, S. (2023). Procrastination among adults: The role of self-doubt, fear of the negative evaluation, and irrational/rational beliefs. *Journal of Evidence-Based Psychotherapies.*

Erzar, T. (2018). Self-perceived victimhood and forgiveness in different generations of the right and left political group in Slovenia.

Gál, É., Tóth-Király, I., Szamosközi, I., & Orosz, G. (2020). Fixed intelligence mindset moderates the impact of adverse academic experiences on students' self-esteem. *Journal of College Student Retention, 24*(6), 1028–1053.

Gao, Y. (2024). Comparison of compulsory education between China and Britain. *Lecture Notes in Education Psychology and Public Media.*

Geraci, A. (2023). Teachers' emotional intelligence, burnout, work engagement, and self-efficacy during COVID-19 lockdown. *Behavioral Science, 13.*

Gilbert, P., & Woodyatt, L. (2017). An evolutionary approach to shame-based self-criticism, self-forgiveness, and compassion. In *The handbook of self-enhancement and self-protection* (pp. 29–41). Guilford Press.

Gilbey, D., Perry, Y., Lin, A., & Ohan, J. (2022). "Shame, doubt and sadness": A qualitative investigation of the experience of self-stigma in adolescents with diverse sexual orientations. *Youth.*

Gold, R., & Gold, A. (2023). "Am I a good enough therapist": Self-doubt among speech and language therapists. *International Journal of Language and Communication Disorders.*

Goodwyn, A. (2018). From personal growth (1966) to personal growth and social agency (2016) – proposing an invigorated model for the 21st century. *The Future of English Teaching Worldwide.*

Han, K. (2023). The role of the prison library. International Journal of Education and Humanities.

Hindmarch, L. (2008). An exploration of the experience of self-doubt in the coaching context and the strategies adopted by coaches to overcome it. *International Journal of Evidence Based Coaching and Mentoring, 6*(2), 1–13.

Hlava, P., Elfers, J., Bieber, J., Maitra, S., Burge, C., Howard, A., Carbajal, R., Jamieson, M., & Casey, A. (2024). Reorienting through the body: The correlation among self-transcendent emotion experiences and interoceptive awareness. *Journal of Humanistic Psychology.*

Ilies, R., Pater, I. D., & Judge, T. (2007). Differential affective reactions to negative and positive feedback, and the role of self-esteem. *Journal of Managerial Psychology, 22*(6), 590–609.

Kaygusuz, R., Tolan, Ö. Ç., & Aydoğdu, B. E. (2023). Mediating role of self-reflection and insight in the relationship between forgiveness and Gestalt contact disturbances. *Anadolu Üniversitesi Eğitim Fakültesi Dergisi.*

Kielkiewicz, K., Mathúna, C. Ó., & McLaughlin, C. (2019). Construct validity and dimensionality of the Rosenberg self-esteem scale and its association with spiritual values within Irish population. *Journal of Religion and Health, 59*(3), 381–398.

Kim, H. K. (2014). Overcoming resistance to health persuasion: Strategies to reduce self-defense motives.

Kita, Y., & Inoue, Y. (2017). The direct/indirect association of ADHD/ODD symptoms with self-esteem, self-perception, and depression in early adolescents. *Frontiers in Psychiatry, 8.*

Kocollari, U., Cavicchioli, M., & Demaria, F. (2023). The 5 E(lements) of employee-centric corporate social responsibility and their stimulus on happiness at work: An empirical investigation. *Corporate Social Responsibility and Environmental Management.*

Kolbina, L., Kasianenko, O., Sopivnyk, I., Karskanova, S., & Chepka, O. (2023). The role of inclusive education in the personal growth of a child with special educational needs. *Revista Amazonía Investiga.*

Kostromina, S., & Makarova, M. (2023). Quasi-development as an illusion of personal growth. *Changing Societies & Personalities.*

Lee, E., Choi, T. R., & Lee, T. (2023). The mediating role of forgiveness and self-efficacy in the relationship between childhood maltreatment and treatment motivation among Malaysian male drug addicts. *Frontiers in Psychology, 13.*

Miranti, M., & Karmiyati, D. (2024). Strategies for overcoming Cinderella complex syndrome in adolescent girls. *Vitamin: Jurnal Ilmu Kesehatan Umum.*

Mróz, J., Toussaint, L. L., & Kaleta, K. (2024). Association between religiosity and forgiveness: Testing a moderated mediation model of self-compassion and adverse childhood experiences. *Religions.*

Neiss, M. B., Stevenson, J., Legrand, L., Iacono, W., & Sedikides, C. (2009). Self-esteem, negative emotionality, and depression as a common temperamental core: A study of mid-adolescent twin girls. *Journal of Personality, 77*(2), 327–346.

Neiss, M. B., Stevenson, J., Sedikides, C., Kumashiro, M., Finkel, E., & Rusbult, C. (2005). Executive self, self-esteem, and negative affectivity: Relations at the phenotypic and genotypic level.

Nyuiemedi, A. E.-T., & Richardson, A.-M. (2024). Surviving child labour through forgiveness and self-efficacy: Implications for counselling practice. *International Journal of Psychology and Counselling.*

Oktriani, D. R., Hufad, A., & Utami, N. (2023). Overcoming the character crisis in children: Strategies, outcomes, and evaluations of Bina desa program. *Utamax Journal of Ultimate Research and Trends in Education.*

Oliveira, W., Esteca, A. M. N. N., Wechsler, S. M., & Menesini, E. (2024). Bullying and cyberbullying in school: Rapid review on the roles of gratitude, forgiveness, and self-regulation. *International Journal of Environmental Research and Public Health, 21*(1).

Onal, A. A., & Yalçin, I. (2017). Self-forgiveness: The predictive role of cognitive distortions.

Paleari, G. F., Danioni, F., Pelucchi, S., Lombrano, M. R., Lumera, D., & Regalia, C. (2022). The relationship between self-forgiveness and psychological wellbeing in prison inmates: The mediating role of mindfulness. *Criminal Behaviour and Mental Health, 32*(4), 337–349.

Paluckaitė, U., & Žardeckaitė-Matulaitienė, K. (2019). Overcoming strategies of adolescents' risky online self-disclosure. *E-Methodology*.

Park, H.-J., & Jeon, K. (2013). Fashion savvy II: The influences of fear of negative evaluation by others, self-esteem, and consumer confidence in fashion decisions on fashion savvy. *The Research Journal of the Costume Culture, 21*(4), 562–575.

Perikova, E., & Bysova, V. M. (2018). Metacognition strategies in overcoming difficult life situations with the main focus on different levels of personal self-regulation. *The Novosibirsk State Pedagogical University Bulletin*.

Ponomarenko, N. (2022). Different approaches to the definition of the concept of "need for self-realization" in professional activity. *Educational Dimension*.

Ponte, J. P. M. D., Quaresma, M., & Mata-Pereira, J. (2022). Teachers' learning in lesson study: Insights provided by a modified version of the interconnected model of teacher professional growth. *ZDM – Mathematics Education, 54*(3), 373–386.

Purebl, G., Schnitzspahn, K., & Zsák, É. (2023). Overcoming treatment gaps in the management of depression with non-pharmacological adjunctive strategies. *Frontiers in Psychiatry, 14*.

Reitzes, D., Mutran, E., & Fernandez, M. E. (1996). Preretirement influences on postretirement self-esteem. *The Journals of Gerontology Series B: Psychological Sciences and Social Sciences, 51*(5), S242-9.

Ricciardelli, L., & McCabe, M. (2001). Self-esteem and negative affect as moderators of sociocultural influences on body dissatisfaction, strategies to decrease weight, and strategies to increase muscles among adolescent boys and girls. *Sex Roles, 44*(3-4), 189–207.

Rose, A. D. (1995). The dynamics of personal growth, development and change. *Adult Learning, 6*(3), 29–5.

Ruini, C., Offidani, E., & Vescovelli, F. (2015). Life stressors, allostatic overload, and their impact on posttraumatic growth. *Journal of Loss and Trauma, 20*(2), 109–122.

Sica, L., & Sestito, L. A. (2021). Personal skills for optimal identity development: A person-centered approach in Italian late-adolescents. *Journal for Person-Oriented Research, 7*(1), 36–51.

Silverberg, C. M. (2019). Critical embodied praxis for social justice and peace educators: A story of personal transformation through analysis of my Jewish and settler identities.

Skolnick, V. G., Lynch, B., Smith, L., Romanowicz, M., Blain, G., & Toussaint, L. (2023). The association between parent and child ACEs is buffered by forgiveness of others and self-forgiveness. *Journal of Child and Adolescent Trauma, 16*(4), 995–1003.

Suh, A., & Cheung, C. M. K. (2017). Beyond hedonic enjoyment: Conceptualizing eudaimonic motivation for personal informatics technology usage. *Interacción, 119–133.*

Swiger, T. (2020). Morally injurious experiences of combat-exposed veterans of Iraq and Afghanistan: Moderating effects of self-forgiveness on feelings of shame and guilt.

Thompson, J. K., Shroff, H., Herbozo, S., Cafri, G., Rodriguez, J., & Rodriguez, M. (2007). Relations among multiple peer influences, body dissatisfaction, eating disturbance, and self-esteem: A comparison of average weight, at risk of overweight, and overweight adolescent girls. *Journal of Pediatric Psychology, 32*(1), 24–29.

Tyan, M. (2023). The influence of the main strategies overcoming stress on professional activity of transport police officers. *Applied Psychology and Pedagogy.*

Tyler, J., Branch, S., & Kearns, P. (2016). Dispositional need to belong moderates the impact of negative social cues and rejection on self-esteem. *Social Psychology, 47*(2), 179–186.

Vets, I. V. (2023). Conscious self-regulation and coping strategies as resources for overcoming difficult life situations. *Theoretical and Experimental Psychology.*

Walbrugh, V. (2016). How to deal with low self-esteem: A 5-step, CBT-based plan for overcoming thoughts and eliminating self-doubt. *Educational Psychology in Practice, 32*(3), 324–324.

Westover, J. (2024). Overcoming feelings of being stuck: Strategies for moving your career forward. *Human Capital Leadership Review*.

Woodyatt, L., Cornish, M., & Cibich, M. (2017). Self-forgiveness at work: Finding pathways to renewal when coping with failure or perceived transgressions. In *The handbook of self-enhancement and self-protection* (pp. 293–307). Guilford Press.

Wu, J., Cheung, H., & Chan, R. (2017). Changing definition of teacher professionalism: Autonomy and accountability. In *Educational governance and accountability* (pp. 59–70). Springer.

Wu, L.-Z., Birtch, T. A., Chiang, F., & Zhang, H. (2018). Perceptions of negative workplace gossip: A self-consistency theory framework. *Journal of Management, 44*(5), 1873–1898.

Yashchenko, E. (2023). Interpersonal conflict, values, strategies for overcoming stress situations of students before and after the start of a special military operation. *Вестник Университета*.

Zaki, A., Nasution, I., Informasi, L., lDiri, K., & Smartphone, K. (2023). Implementation of information services through self-control strategies in overcoming smartphone addiction in students. *Jurnal Ilmiah Sekolah Dasar*.

Solicitud de Reseña de Libro

Estimado lector,

Gracias por comprar este libro. Me encantaría tener noticias suyas. Escribir una reseña de un libro nos ayuda a entender a nuestros lectores y también influye en las decisiones de compra de otros lectores. Su opinión es importante. Por favor, escriba una reseña del libro. Agradecemos su amabilidad.

Sobre el autor

D an Desmarques es un autor de renombre con una notable trayectoria en el mundo literario. Con una impresionante cartera de 28 bestsellers en Amazon, entre ellos ocho números 1, Dan es una figura respetada en el sector. Gracias a su formación como profesor universitario de escritura académica y creativa, así como a su experiencia como consultor empresarial experimentado, Dan aporta una combinación única de conocimientos a su trabajo. Sus profundas ideas y su contenido transformador atraen a un amplio público y abarcan temas tan diversos como el crecimiento personal, el éxito, la espiritualidad y el sentido profundo de la vida. A través de sus escritos, Dan anima a los lectores a liberarse de sus limitaciones, dar rienda suelta a su potencial interior y embarcarse en un viaje de autodescubrimiento y transformación. En un mercado tan competitivo como el de la autoayuda, el excepcional talento de Dan y sus inspiradoras historias lo convierten en un autor sobresaliente, que motiva a los lectores a interesarse por sus libros y emprender un camino de crecimiento personal e iluminación.

También escrito por el autor

1. 66 Days to Change Your Life: 12 Steps to Effortlessly Remove Mental Blocks, Reprogram Your Brain and Become a Money Magnet

2. A New Way of Being: How to Rewire Your Brain and Take Control of Your Life

3. Abnormal: How to Train Yourself to Think Differently and Permanently Overcome Evil Thoughts

4. Alignment: The Process of Transmutation Within the Mechanics of Life

5. Audacity: How to Make Fast and Efficient Decisions in Any Situation

6. Beyond Belief: Discovering Sacred Moments in Everyday Life

7. Beyond Illusions: Discovering Your True Nature

Acerca del editor

Este libro fue publicado por 22 Lions Publishing.

www.22Lions.com